# 박물관과 AI

## 인공지능총서

인공지능 시대입니다. 기계가 인간의 인지를 대신하고, 사물이 인간을 통하지 않고 다른 사물과 직접 커뮤니케이션합니다. 이에 따른 인간 삶과 문명 변화를 정확히 이해 · 예측 · 대응하는 것은 이 시대 우리 모두의 과제입니다. 인공지능총서는 인공지능 기술과 환경의 여러 주제를 10가지 키워드로 정리합니다. 관련 개념과 이론, 학계와 산업계의 쟁점, 우리 일상의 변화를 다룹니다. 인간과 기술의 현재, 미래를 세심히 분석합니다.

## 일러두기

- 인명, 작품명, 저서명, 개념어 등은 한글과 함께 괄호 안에 해당 국가의 원어를 병기했습니다.
- 외래어 표기는 현행 어문규정의 외래어표기법을 따랐습니다. 다만 '딥러닝', '딥마인드', '딥페이크' 등은 관행을 따랐습니다.

처음이세요?

전문가세요?

# 박물관과 AI

한승철

대한민국, 서울, 커뮤니케이션북스, 2024

**박물관과 AI**

지은이 한승철
펴낸이 박영률

초판 1쇄 펴낸날 2024년 8월 28일

커뮤니케이션북스(주)
출판 등록 2007년 8월 17일 제313-2007-000166호
02880 서울시 성북구 성북로 5-11
전화(02) 7474 001, 팩스(02) 736 5047
commbooks@commbooks.com
www.commbooks.com



ISBN 979-11-288-9564-7 03500

책값은 뒤표지에 표시되어 있습니다.

# 차례

## 발견된 가치에서 가치의 발견으로

이미테이션 게임(imitation game)이란 1950년 영국의 수학자 앨런 튜링(Alan Turing)이 제안한 인공지능 판별법이다. 튜링 테스트(turing test)라고도 하는 이 판별법은 서로 보이지 않는 공간에서 질의자가 인간과 컴퓨터를 대상으로 정해진 시간 안에 대화를 나누는 방식으로 이루어진다. 이 대화에서 인간과 컴퓨터를 구별하지 못하거나 컴퓨터를 인간으로 잘못 판단하게 된다면 해당 기계는 인간처럼 사고할 수 있는 것으로 본다. 챗봇(chatbot)이 만들어지기 오래전에 튜링은 대화가 통하는 상대를 지능 있는 존재로 간주하는 인간의 감각을 중요하게 지적한 셈이다.

오늘날 챗GPT(chat+Generative Pre-trained Transformer)와 같이 명령에 따라 텍스트, 이미지, 비디오를 생성하는 생성형 AI(generative Artificial Intelligence)는 튜링이 제안한 이미테이션 게임에서 승리했다. 이제 대화로는 상대방이 기계인지 인간인지 구분하기 어렵다. 언어가 사고력과는 무관할 수 있다거나, 새로운 비교평가와 척도를 찾아야 한다는 의견이 있지만 현재 서비스되는 생성형 AI가 고전적 인공지능 판별 테스트를 통과한 것은 사실이다. AI가 단지 생각하는 척을 잘하든 혹은 진짜 지능을 갖추고 있든 상관없이 기계 지능(機械 知能)으로 이미 작동하고 있는 것이다. 그럼 현실적으로 인간과 구분하기 어렵고 널리 쓰이기 시작한 지능 있는 기계, 즉 인공지능(AI, Artificial Intelligence)이라는 미래를 향해 열린 기술과 많은 이들이 과거에 대한 것이라고만 생각하는 박물관 사이에 접점은 있는 것일까?

지금까지 박물관은 공공의 역사를 위해 물적 증거와 관련 정보를 수집하고 보관하며, 사람들의 학습과 즐거움을 위해 이를 전시하는 기관으로 알려져 왔다. 그러나 박물관에 소장된 문화유산은 과거 사회의 모습을 생생하게 보여 주는 증거 이상으로 오랜 세월 동안 쌓아온 지식과 문화의 산물이다. 이러한 유산들로 우리는 공동체의 삶과 업적을 이해하고, 과거에서 배우고 성장할 기회를 얻는다. 다시 말해 박물관의 가장 중요한 역할은 발견한 유산을 보관하는 곳이 아니라 과거의 가치를 바탕으로 새로운 가치를 발굴하고 사회 구성원들에게 제시해, 그들의 현재가 어떻게 형성되었고 미래에 어떤 사회의 일부가 되길 바라는지 생각하게 하는 것이다.

이러한 관점에서 새롭게 등장한 지능, AI는 박물관의 여러 측면에 긍정적 영향을 미치는 잠재력을 지닌 강력한 기술이다. AI의 장점은 인간이 처리하기 어려운 방대한 양의 데이터를 빠르게 분석하고 패턴을 인지해 의사 결정에 유용한 통찰력을 제공한다는 점이다. 예를 들어 소셜 미디어를 분석해 박물관 방문자의 선호도와 트렌드를 파악하고, 분석 결과를 바탕으로 예측 모델을 구축해 박물관 전시 전략을 수립하기 위한 최적의 의사 결정을 제안할 수 있다. 또한 박물관이 갖고 있는 실물 자료와 기록, 사진, 영상과 같은 디지털 데이터를 대조해 분류하고 분석하는 일과 같이 기존의 인력과 시간으로는 감당하기 어렵던 일을 자동화할 수도 있다. 그리하여 박물관이 소장하고 있는, 발굴되었거나 전해져 내려오는 문화유산들을 새로운 시각으로 바라보고 이제까지 몰랐던 가치를 깨닫게 되는 기회를 제공하기도 한다. 과거의 유산과 첨단의 기술인 AI가 만나 박물관의 가장 중요한 역할인 과거, 현재, 미래를 연결하는 일의 중심 고리 역할을 하는 것이다.

## 큐레이터 업무를 대체할 수 있을까

큐레이션(curation)은 모든 박물관이 수행하는 기본 활동이다. 큐레이션은 전문 지식과 예술 감각을 바탕으로 전시 기획을 수립하고 소장품을 의미 있게 선보이는 과정이다. 이때 박물관 전시는 단순히 소장품을 꺼내 보여주는 것이 아니라, 박물관이 소장하고 있는 문화유산에 담긴 역사적, 문화적 가치를 해석해 관람객에게 전달하는 역할을 한다. 따라서 문화유산의 관리자이자 전시 기획자로서 큐레이터(curator)는 '어떤 유물을 전시해야 하는가', '어떻게 전시해야 문화유산의 가치를 효과적으로 전달할 수 있는가', '관람객은 전시에서 어떤 경험을 얻어야 하는가'와 같은 질문에 답해야 한다. 그리고 그 답으로 관람객에게 의미 있는 경험을 제공하고 박물관의 교육적, 문화적 가치를 높일 수 있는 전시를 기획한다.

그럼 같은 질문을 AI에게 한다면 어떨까? 우선 어떤 유물을 전시해야 하는가의 답변은 추천 알고리즘(recommendation algorithm)을 고도화한 AI 시스템에서 가능할 것이다. 추천 알고리즘의 목표는 고객관계관리(CRM, Customer Relationship Management)의 극대화다. CRM은 고객이 누구인지 파악해 고객이 '원할 것 같은' 상품이나 서비스를 제안하는 활동이다. 이미 오래전부터 전자 상거래(e-commerce), 소셜 미디어(social media), OTT(Over The Top) 플랫폼 등 여러 분야에 다양하게 적용되어 왔다. 하지만 공중과 박물관의 디지털 접점이 지난 코로나19 팬데믹을 계기로 확대하면서 실물 문화유산뿐 아니라 책, 논문, 영상, 사진, 교육 등 콘텐츠를 쌓아 두고 이를 매개하는 박물관에서도 '적합한 추천'의 중요성이 강조되고 있다. 박물관 방문객들의 관심 분야, 연령, 성별 등을 분석한 데이터를 기반으로 한 추천은 맞춤형 전시 경험을 디자인하는 데 활용될 수 있다. 어린이 관람객에게는 게임이나 퀴즈와 같은 인터랙티브(interactive) 전시, 역사에 관심 있는 관람객에게는 심층적인 해설을 제공하는 방식이다. 또한 대규모 언어 모델(LLM, Large Language Model)을 응용한 텍스트 분석, 이미지 인식, 자연어 처리와 같은 생성형 AI 기술은 문화유산에 대한 새로운 통찰력을 제공하고, 이를 효과적으로 전달하는 방법을 찾는 데 도움을 준다. 예를 들어 AI 기반 챗봇은 관람객들이 전시물과 직접 소통할 수 있는 새로운 경험을 제공해 단순한 관람을 넘어 생생한 체험으로 만들어 줄 것이다.

결론적으로 AI는 문화유산과 이야기의 조화로 박물관 전시 기획과 콘텐츠 경험의 상당 부분을 맡을 수 있다. 오히려 문제는 어느 정도까지 맡길 것인가라는 선택과 결정이다. 이는 박물관의 전시가 지식과 의미를 구축하기 때문인데 이러한 의미는 의도하지 않아도 사회에 메시지를 전달하고 명백하다고 받아들이는 지식에 큰 영향을 끼친다. 특히 단일 민족 공동체라는 인식이 있는 국가는 박물관의 소장품으로 지역사회의 변화와 연속성을 설명하는 것 외에 국가적 단결을 촉진하는 정치적 역할을 요구하는 박물관 외부의 압력도 있을 수 있다. 게다가 내외부의 상황, 조건 또는 논쟁의 여지가 있는 쟁점은 역사학계 내에서도 다양한 의견이 분분하다. 이 같은 상황에서도 박물관은 확립된 기성 역사를 보급하고, 아직 학계의 논쟁이 끝나지 않은 역사를 대중의 눈높이에 맞게 번역해 전달하는, 사회적으로 권위 있는 대변자 역할을 맡고 있다. 따라서 공중이 듣고 싶어 하는 이야기를 들려주는 기관도 아니고, 연구 성과라고 해도 하고 싶은 말만 일방적으로 전달하는 기관이어서도 안 된다. 박물관은 공중이 원하는 이야기와 박물관이 공중에게 해야 하는 이야기 사이에서 꼭 전달해야만 하는 메시지를 찾아 콘텐츠를 구성해야 한다. 어떤 주제를 연구할지를 결정하는 것, 연구 과정에서 질문을 던지는 것, 다양한 맥락을 고려해 최선을 다해 확인하고 사실 여부를 판단하는 것, 그것을 전시할지를 최종 결정하는 것 등 박물관 큐레이터의 본질적 업무는 생성형 AI가 대체할 수 없다. 생성형

AI는 요구에 답을 제시할 뿐이지 결정은 내리지 못한다. 이 답을 결정으로 오해하기 때문에 대체할 수 있다는 '오해'가 생긴다.

## 변화하는 박물관과 새로운 과제들

박물관은 역동적이다. 박물관에 대한 일반적 인식은 종종 보수적이고 지루하며 변화 없는 공간이라는 편견에 갇혀 있다. 하지만 이는 현대 박물관의 실상과는 크게 다르다. 사실 오늘날 박물관은 단순히 과거의 유산을 전시하는 공간을 넘어 다양한 교육 프로그램, 문화 행사, 특별 전시 등으로 방문객들에게 생생하고 몰입감 넘치는 경험을 제공한다. 또 최첨단 기술을 활용해 과거의 유물을 새로운 방식으로 이해하고 체험하게 한다. 예를 들어 국립중앙박물관에서는 AI 전시 안내 로봇 큐아이(QI)를 2018년 시범 서비스를 시작으로 현재까지 여러 기능과 서비스를 꾸준히 개선해 운영하고 있다. 2020년에는 "박물관과 인공지능"이라는 주제로 제1회 세계박물관포럼을 개최하는 등 디지털 전략 로드맵을 수립하고, 신기술 활용을 꾸준히 시도했다. 따라서 이 책에서 다루려는 것은 지금까지 박물관이 시도해 온 AI 활용 사례를 바탕으로 가까운 시일에 적용할 수 있는 AI 기술과, 곧 직면하게 될 과제다. 그리고 가능한 범위 내에서 그려지는 AI 도입의 미래와, 변화된 박물관의 모습이다.

먼저 1장부터 5장까지는 전시, 교육, 연구, 운영, 홍보와 같이 박물관의 주요 업무에서 AI 도입 사례와 가까운 시일에 활용할 수 있는 AI 기술을 추렸다.

1장 '박물관 전시에서 AI 활용하기'는 박물관과 관람객 사이에서 능동적 참여와 상호작용으로 긍정적 커뮤니케이션 효과를 창출하기 위한 AI 디지털 휴먼 전시 사례, 문화유산 데이터의 가치를 극대화하기 위한 AI 기술 개발 현황을 살펴본다.

2장 '박물관 교육에서 AI 활용하기'는 개인 맞춤형 박물관 학습을 위한 AI 기술과 박물관 교육 플랫폼의 미래를 위해 필요한 것을 찾아 제시했다.

3장 '박물관 연구에서 AI 활용하기'는 박물관의 주요 기능인 문화유산 연구에서 국립광주박물관의 쌍사자 석등 연구 보고 사례와 같이 첨단 기술을 이용한 연구 현황과 AI의 도입 가능성을 소개하고, 역사 · 문화유산 복원에서 활용할 수 있는 AI 기술과 그 한계를 살폈다.

4장 '박물관 운영에서 AI 활용하기'는 박물관의 하드웨어인 박물관 시설을 운영하기 위한 AI 기술을 소개한다. 그리고 AI 기술 도입을 위해 이미 존재하지만, 충분히 활용하지 못하고 있는 다양하고 방대한 유지 · 관리 데이터를 분석하고 효율적으로 사용하는 방안을 정리했다.

5장 '박물관 PR에서 AI 활용하기'에서는 AI가 가져올 박물관 PR의 변화와 PR 담당 큐레이터의 업무를 보조할 수 있는 AI 활용 방안을 담았다.

6장부터 마지막 10장까지는 박물관이 추구하는 접근성 향상, 더 풍부한 감각과 지각 작용을 위한 박물관 경험, 차별화된 콘텐츠 제작을 위한 AI 기술과 AI의 적극적 활용에 앞선 박물관의 고민, 그리고 앞으로 다가올 미래의 박물관에 대한 저자의 바람을 내용으로 한다.

6장 'AI와 박물관 접근성'은 장애인, 노인, 어린이, 임산부, 외국인 등 모두가 안심하고 편리하게 이용할 수 있는 유니버설 디자인으로 박물관이 추구하는 접근성 향상과 모두를 위한 AI 기술의 가능성을 살핀다.

7장 'AI와 박물관 경험'에서는 AI 기술의 급속한 발전으로 가능해진 온오프라인 통합 경험에 대한 기대를 담고 있으며, 8장 'AI와 박물관 콘텐츠'는 생성형 AI시대의 박물관 콘텐츠의 미래와 역사의 공공성을 실천하기 위한 큐레이터의 기회를 다룬다.

9장 'AI와 박물관의 고민'은 흔히 환각(hallucination)

이라 불리는 생성형 AI의 오류와 저작권 문제 등 박물관에 AI 서비스를 도입했을 때 예상되는 문제와 이를 최소화하기 위한 가이드라인의 필요성에 대해 의견을 제시한다.

마지막 10장은 'AI와 박물관의 융복합 혁신'을 다루는 장으로 지식 유통을 지원하는 AI와 다양한 데이터를 통합한 지식 공간으로서 박물관의 미래를 전망한다.

## 비가역적 상황에 대처하는 자세

AI 도입은 비가역적이다. 챗GPT, 미드저니(Midjourney), 제미니(Gemini) 등 생성형 AI 서비스를 구독하든 하지 않든 상관없이 AI는 일상 곳곳에 자리 잡고 있다. 자율주행 자동차는 피동적으로 보이지만 생명과 안전에 밀접한 능동적 AI 기술이다. 인간이 AI의 존재를 인식하는 것은 프롬프트(prompt)의 답변이나 음성 인식 비서의 목소리와 같은 형태지만 냉난방 시스템같이 눈에 보이지 않는 '백그라운드(background)'에서 말없이 실행되는 AI도 있다. 이제 일상에서 AI의 사용은 개인이 취사선택할 수 있는 단계를 뛰어넘었다. 이같이 다시 예전 같은 상태로 돌아갈 수 없는 상황에서 박물관은 AI와의 관계를 어떻게 설정하고 무엇을 준비해 도입하면 좋을지 살펴보자.

첫째, 박물관이 보유한 데이터는 생성형 AI를 위한 준비가 되어 있는가?

AI에게 데이터는 연료다. AI의 가치를 최대한 활용하려면 데이터가 AI 애플리케이션을 위해 중앙 집중화되고 최적화되어야 한다. 우선 박물관 내에서 사용하는 기술이 통합하기 쉽고 호환성이 높은지 파악해야 한다. 또한 다양한 분야의 서비스에 적용할 수 있게 학습된 다목적 모델인 파운데이션 모델(foundation model)을 사용하기에 안전한지도 봐야 한다.

둘째, 박물관의 AI 구축 전략은 무엇인가?

박물관 AI를 구축하기 위해 자체 모델을 개발하는 방법도 있겠으나, 우선 마이크로소프트, 구글과 같이 클라우드 애플리케이션과 기본 IT 인프라나 플랫폼을 인터넷 브라우저로 최종 사용자에게 제공하는 SaaS(Software as a Service) 기업의 생성형 AI 서비스를 사용하는 방법을 찾아볼 수 있다. 또는 챗GPT와 같은 공용 모델 활용이 있다. 박물관 규모가 크다면, 보안성이 높은 프라이빗 클라우드(private cloud)로 모델을 이용할 수 있다. 작은 규모의 AI로 시작하는 방법도 있다. 특수 목적에 맞게 구축된 소규모 언어 모델(SLM, Small Language Model)이나 외부, 자체 및 사용자 데이터와 함께 검색 증강 생성(RAG, Retrieval-Augmented Generation)을 이용해 라이선스가 있는 LLM(Large Language Models)의 정확성과 신뢰도를 높여 사용하는 방법이다.

셋째, 누구와 협력할 것인가?

박물관 자체에서 생성형 AI 기능을 구현하는 것은 비용과 시간이 만만치 않다. 자체 AI 기능 개발을 목표로 하더라도 구현까지는 기존 공급업체 파트너에게 의존하며 안전지대에서 생성형 AI를 사용하고 실험할 것이다. 재정 문제뿐 아니라 박물관 데이터를 기본 모델의 학습 데이터로 사용하는지부터 모델이 어떻게 업데이트되고 데이터 소스가 시간이 지남에 따라 어떻게 관리되는지 다양한 각도에서 따져보고 가장 신뢰할 수 있는 공급업체와 협력해야 한다.

넷째, 보안을 유지할 수 있을까?

처음부터 자체 구축보다는 챗GPT와 같은 플랫폼을 이용하는 것이 생산성에는 이점이 있지만 박물관 데이터나 직원 · 관람객 등의 개인 정보를 안전하게 유지할 수 있는지 우려가 남는다. AI 도입 전부터 현재 기술 상황과 생성형 AI의 장점과 한계를 이해할 수 있게 사내 커뮤니케이션과 교육 캠페인을 준비해야 한다.

다섯째, 비용은 얼마나 들 것인가?

SaaS 기업 서비스에서 생성형 AI를 도구 세트에 추가하면 가격이 비교적 명확하다. 하지만 박물관이 자체 생성형 AI를 구축하려 한다면 상황은 훨씬 더 복잡하다. 대규모 언어 모델은 매우 높은 컴퓨팅 요구 사항을 가질 수 있다. 소형 언어 모델을 고려해 볼 수 있지만 변화 속도가 매우 빠른 분야라서 개발 비용뿐 아니라 유지관리 비용 등 소요 비용은 신중하게 접근한다.

여섯째, 윤리적 문제의 대처 방안은 있는가?

AI는 인간의 편견도 학습한다. 사전 훈련된 AI 모델을 미세 조정(fine-tuning)하는 방법도 있지만 텍스트 또는 이미지 생성에 사용되는 것과 같은 대형 기본 모델의 학습 방법은 아직 미지의 영역이다. AI의 책임 있는 사용과 더불어 문제가 발생했을 때의 위기관리 계획도 사전에 마련해야 한다.

## 협력과 한계를 넘어

새로운 것은 두렵다. 새로운 것에 대한 반발은 오래전부터 항상 존재했다. 고대 그리스 학자들은 문자가 만들어져서 학생들이 구전 전통을 잘 기억하지 못하게 되었고 그 때문에 이해력이 떨어졌다고 푸념했다. AI에 대한 우려는 그것의 하이테크 버전일지 모른다. 물론 AI가 주어진 데이터나 맥락에 근거하지 않은 잘못된 정보나 허위 정보를 생성하거나 인간에게 배운 편견을 여과 없이 드러내는 것은 사실이다. AI로 사라질 일자리가 걱정인 것도 현실이다. 그러나 기술에서 우리가 뭔가를 얻고 있다는 것 역시 틀림없는 사실이다. 현재까지 발표된 생성형 AI만으로도 보고서 초안을 작성하거나, 같은 내용을 다른 어조로 변환하는 일, 내용을 요약하거나 번역하기 등 기본 업무를 효율화하는 데 유용하다. 수식, 표, 그래프를 분석할 수 있고, 사실관계와 무관하게 생각의 범위를 확장하는 용도라면 새로운 아이디어를 탐색하는 데도 쓸 수 있다. 생성형 AI가 지금까지 보여 온 기능만 하더라도 몸 밖에서 뇌 기능을 대신하는 '확장된 지능'이다.

반복적이고 시간 소모적인 작업을 자동화하고, 방대한 디지털 데이터 안에서 유용한 정보를 분류하거나 위치를 대신 기억해 주는 확장된 지능, 즉 AI가 박물관에 미치는 영향은 이제 시작 단계다. 큐레이터를 비롯한 학계, 기관 등 여러 당사자가 향후 이 새로운 도구와 관련해 어떻게 협력하느냐에 따라 박물관에 새로운 희망이 될지, 또 다른 위험이 될지가 결정될 것이다.

2024년 5월, 유럽연합(EU)은 세계 최초로 AI 포괄 규제법(AIA, Artificial Intelligence Act)을 승인했다. AI 규제법은 AI 위험도를 크게 네 단계로 나눠 차등 규제하는 내용을 골자로 한다. 가장 높은 고위험 등급은 의료, 교육을 비롯한 공공 서비스나 선거, 핵심 인프라, 자율 주행 등에 사용되는 AI 기술이다. 이 분야에 AI 기술을 활용하면 사람이 반드시 AI를 감독해야 한다. 일부 AI 기술은 EU 회원국 내에서 아예 사용할 수 없다. 인종, 종교, 성적 취향 등 정보를 모아 개인을 평가하는 '사회적 점수 평가', 인터넷이나 폐쇄회로TV(CCTV)에서 얼굴 이미지를 무작위로 수집해 데이터베이스를 구축하는 행위 등이 그 대상이다. 이러한 법률적 규제가 아니더라도 박물관은 공동체의 유산을 수집, 보존하고 전시와 교육으로 확산하는 공공기관으로서, 앞으로 박물관에 도입할 AI의 구성 요소를 주의 깊게 평가하고 잠재적 위험에 대비할 책임이 있다.

지금까지 등장한 새로운 기술은 박물관 본연의 역할을 좀 더 빠르고 효율적으로 하게 하는 보완적 역할을 해왔다. 신기술 혁신이 모든 것을 뒤엎을 것 같지만, 대부분 업의 본질은 그리 쉽게 바뀌지 않는다. 오히려 AI 검색에서 종종 나타나는 엉뚱한 대답과 오류 때문에 박물관이 수행하는 역사적 사실을 확인해 공중에게 전달하는 사회 행위가 생성형 AI 시대에 더욱 중요해졌다. 이를 위해서는 우선 현장의 큐레이터들이 챗GPT로 대표되는 생성형 AI를 적극 활용해 볼 필요가 있다. 기관 차원의 지원도 필요하지만, 우선 현장 업무에서 적극 써 봐야 한다. 그래야 이 기술이 가져오는 사회, 문화 등 모든 영역의 변화에 대응이 일차로 가능하다. AI 기술 혁신은 하루하루가 다르고, 아직 정착 단계는 아니다. 우선 많이 이용하는 것이 변화에 대응하는 전략의 시작이다.

단순히 신기술의 단점을 지적하는 것을 넘어 기획이나 콘텐츠 영역에 적극 반영하면서 실제 업무 영역에 미치는 영향을 직접 경험해 '진정으로 큐레이터답게 만드는 것이 무엇인가'를 진지하게 고민하는 일. 그리고 이 경험을 바탕으로 바꿀 수 있는 것을 바꾸는 용기와 바꿀 수 없는 것을 받아들이는 이성, 이 둘을 구별할 수 있는 지혜가 필요한 시점이다.

## 참고문헌

경향신문(2024.5.22). EU, 세계 첫 AI 포괄 규제법 최종 승인…2026년 전면시행, https://www.khan.co.kr/world/europe-russia/article/202405221134011

김대원(2019). 추천 알고리즘의 개념과 적용, 그리고 발전의 양상.

≪방송 트렌드 & 인사이트≫. Vol.20,
https://www.kocca.kr/trend/vol20/sub/s21.html
뉴시스(2021.5.28). 인공지능 로봇, 미술전시·영화·공연도 안내한다,
https://www.newsis.com/view/?id=NISX20210528_0001456423
이보아(2000). 『박물관학 개론』. 김영사.
오세욱 · 송해엽(2023). 대규모 언어 모델과 저널리즘.
≪한국언론진흥재단 연구서≫. 2023-01.
최훈(2024.1). 튜링과 튜링 테스트: 기계가 인간 수준의 지능을 테스트하는 질의응답. ≪타우마제인≫. Vol.2, 118-119쪽.
it world(2023.6.27). 기업이 생성형 AI를 도입하기 전에 던져야 할 7가지 질문,
https://www.itworld.co.kr/news/296449
CIO Korea(2024.6.14). '목적에 맞게 설계된 AI'… 소규모 AI로 전환하고 있는 IT 리더 이야기,
https://www.ciokorea.com/news/340813
Leif Weatherby(2023.11.13). ChatGPT broke the Turing test. The Boston Globe.:
https://www.bostonglobe.com/2023/11/13/opinion/turing-test-ai-chatgpt/
Mason R. H. et al.(2017). *Museum and Gallery Studies: The Basics.* Routledge. 오영찬 옮김(2020). 『한 권으로 읽는 박물관학』. 사회평론아카데미.
Ramirez, A.(2020). *The Alchemy of Us: How Humans and Matter Transformed One Another.* The MIT Press. 김명주 옮김(2020). 『인간이 만든 물질, 물질이 만든 인간』. 김영사.

## 01
# 박물관 전시에서 AI 활용하기

박물관은 이제 단순히 소장품을 전시하는 역할에 그치지 않는다. 박물관과 관람객 사이에 긍정적 커뮤니케이션 효과를 창출하기 위해 능동적 참여를 이끌어 내고, 다양한 정보를 제공하는 AI 기술 적용 사례를 소개한다. 또한 박물관이 소장하고 있는 문화유산 데이터의 가치를 극대화하기 위한 AI 기술 개발 현황을 진단한다. 그리고 박물관 전시의 다양한 단계에서 인간과 기계 사이의 협업을 실현하는 AI 기술을 살펴본다.

AI와 1인 창업?

## AI가 풀어주는 역사의 퍼즐

박물관은 단순한 소장품 전시를 넘어 과거와 소통하는 공간이다. 지난날 박물관 전시는 국가 유산에 관한 정보 전달에 머물렀지만, 오늘날은 흥미롭고 몰입감 있는 경험 제공을 목표로 한다. 정보통신 기술을 활용한 신기술 융합 전시는 패널, 모형, 영상 등 기존의 전시 보조 수단 이상의 집중력과 현장감 있는 이용자 경험을 제공한다. 따라서 관람객의 능동적 참여를 이끌어 내고 박물관과 상호작용해 긍정 커뮤니케이션 효과를 창출한다. AI는 이러한 변화를 이끄는 핵심 기술로, 역사적 인물 재현, 상호작용 확대, 다양한 정보 제공 등으로 박물관 전시를 더욱 풍성하고 역동적으로 만들 수 있다. 예를 들어 AI 기술을 활용한 디지털 휴먼(Digital Human) 전시는 역사적 인물을 생생하게 재현하고 관람객과의 몰입감 있는 상호작용을 가능하게 해 박물관 전시의 새로운 지평을 제시한다.

디지털 휴먼은 AI 기술과 컴퓨터그래픽으로 만들어진 가상 인물이다. 실제 사람과 유사한 외모와 행동으로 관람객과 상호작용해 정보 제공과 질문 답변을 수행한다. 현재 디지털 휴먼이 가장 활발하게 활용되고 있는 분야는 가상 인플루언서 시장이지만, 과거에 살았던 역사적 인물을 재현하는 박물관 전시까지 그 영역을 확장하고 있다.

고종의 어진(御眞)을 근간으로 제작한 덕수궁 석조전 대한제국역사관의 고종 AI 디지털 휴먼은 전체 문장 인식과 키워드 인식 방식을 혼용한 대화형 AI 기술을 적용했다. 이는 단순히 조선시대 임금 초상화를 기반으로 한 3D 영상 재현을 뛰어넘는다. 관람객은 고종 AI 디지털 휴먼에게 질문하고 역사적 사건이나 고종 관련 정보를 얻을 수 있으며, 대한제국 시대에 대한 이해를 높인다. 앞으로는 물리 엔진을 구동할 숙련도 높은 프로그래머나 3D 그래픽 전문가 없이도 대규모 언어 모델 기반의 생성형 AI 기술을 적용해 역사적 인물을 더 쉽게 구현하고, 관련 자료를 모아 맞춤형 언어 모델을 만들어 더 자연스럽게 상호작용하는 디지털 휴먼을 제작하게 될 것이다. 관람객에게는 더욱 풍성하고 몰입감 있는 경험을 제공할 수 있겠다.

이렇듯 AI 기술은 박물관 전시의 새로운 가능성을 제시하며 교육, 엔터테인먼트 등 다양한 분야에도 활용될 수 있다. 이러한 변화는 과거와 현재를 연결하고 미래를 향한 새로운 가능성을 열어 준다.

## 지능형 큐레이션 플랫폼

역사적 인물을 구현한 디지털 휴먼과 같은, AI를 활용한 전시 보조 매체와 데이터는 상호 보완 관계다. AI가 정확하고 유용한 결과를 제공하려면 충분한 양과 질의 데이터가 필요하다. 국립중앙박물관은 e뮤지엄 서비스로 소장품 검색과 추천 기능을 제공하고 있지만, 국가 유산 간의 의미적 연관 관계 제공에는 한계가 존재했다. 이러한 한계를 극복하고 박물관 전시와 큐레이션의 새로운 가능성을 열기 위해 2020년 국립중앙박물관은 한국전자통신연구원(ETRI)과 AI 기술 기반 문화산업 진흥 정책 실현과 스마트 박물관 구축을 위한 업무협약을 체결하고 지능형 큐레이션 플랫폼 개발 연구를 진행해 왔다.

이 연구는 AI 기술을 적용해 박물관 데이터의 품질과 활용성을 높이고, 가상 전시 등이 가능한 지능형 큐레이션 플랫폼에 필요한 기반 기술을 개발하는 데 중점을 두고 있다. 또한 국립중앙박물관 소장 국가 유산과 아카이브 데이터를 기반으로 한국 문화유산 분야에서 활용 가능한 AI 기술과 활용 모델 개발을 목표로 한다. 주요 기능으로는 큐레이터의 업무 효율성을 높이고 전시 기획과 콘텐츠 제작 과정을 지원하기 위한 2D/3D 에셋 구축이다. 국가 유산 간 의미 연관 관계를 분석하고 검색하는 지능형 검색 기능이 있으며, 소장 국가 유산의 디지털화와 고도화를 위한 도구를 제공한다. 이를 통해 지능형 큐레이션 플랫폼은 전시 기획이나 콘텐츠 제작 과정에서 큐레이터의 업무 시간을 단축해 보다 창의적 작업에 집중할 수 있도록 지원한다. 또한 연구자들이 문화유산 데이터를 쉽게 활용할 수 있게 제공해 박물관 연구를 활성화하는 데도 도움이 된다. 역사 · 문화 기반의 지능형 큐레이션 플랫폼 개발로 국가 유산을 활용한 디지털 콘텐츠 제작과 몰입감 있는 전시 기획으로 관람객의 참여를 유도하고, 국가 유산에 대한 공중의 이해를 높이는 데도 기여한다. AI를 활용한 역사 · 문화유산 데이터의 효율적 관리는 연구자뿐 아니라 다양한 관람객에게 문화유산에 접근할 수 있는 더 많은 기회를 제공할 것이다.

결론적으로 지능형 큐레이션 플랫폼은 박물관 전시와 큐레이션의 새로운 가능성을 열어줄 기술이다. 이 플랫폼은 AI 기술을 활용해 문화유산 데이터의 가치를 극대화하고, 관람객에게 새로운 경험을 제공하여 박물관의 역할과 기능을 확장하는 데 중요한 역할을 할 것이다.

## 인간-기계 협업

AI 기술은 큐레이터의 업무 효율성을 높이고, 관람객에게 더욱 풍부한 경험을 제공하는 데 큰 역할을 한다. 필리핀의 탐사 보도 기자가 직접 하던 방대한 양의 사전 데이터 분석을 맞춤형 GPT를 사용해 시간을 최대 80%까지 단축하고 기사 제작 프로세스를 개선한 사례처럼, AI는 큐레이터가 전시 기획이나 콘텐츠 제작 과정을 효율적으로 수행하도록 업무의 일정 부분을 자동화하는 데 유리하다.

박물관 큐레이터는 전시 설명을 위한 패널을 작성할 때도 도움을 받을 수 있다. AI를 활용해 특정 맥락에 관한 박물관의 과거 설명 텍스트를 학습한 언어 모델로 전시 맥락을 관람객에게 요약하거나 전문 용어를 일반 대중이 이해하기 쉬운 수준으로 설명하는 초안을 작성하는 것이다. 또 AI 이미지 인식 기술은 박물관 소장품의 시대, 작가, 주제 등을 자동으로 식별해 큐레이터가 수작업으로 수행해야 했던 분석과 분류 작업을 보다 효율적으로 지원한다.

이 밖에도 AI는 박물관 전시의 다양한 단계에서 활용될 수 있다. 보통 박물관에서는 전시를 기획하면서 새로운 연구 성과를 확인하고 논란의 여지가 있는 주장을 사전에 검토하기 위해 역사 분야별 전문가 자문회의를 연다. 대규모 언어 모델 자체로 이러한 자문회의를 대체할 수는 없지만, 이를 활용해 자문을 위한 사전 점검 시스템을 구축하는 것은 가능하다. 대규모 언어 모델 기반의 맞춤형 AI는 자연어로 입력된 질의를 이해하고 저장된 데이터에서 적합한 자료를 빠르게 찾고 요약해 적절하게 필터링하는 과정에서 자문회의에서 논의할 주제를 선정하는 사전 절차를 효율화할 수 있다.

전시가 시작된 후에는 얼굴 인식 기술을 사용해 관람객의 표정 데이터로 전시품에 대한 감정을 파악하고 전시 콘텐츠가 관람객에게 미치는 영향을 분석해 전시 방법 등을 조정할 수 있다. 또한 전시 중 AI를 이용한 사용자 행동 분석은 관람객의 이동 경로, 전시품 관람 시간 등을 분석해 관람객의 관심사를 파악하고, 전시 구성이나 운영 방식을 개선하는 데 도움이 된다.

앞으로 AI는 큐레이터의 창의성을 대체하는 것이 아니라, 큐레이터가 방대한 양의 데이터를 처리하고 분석하는 시간을 줄여주고, 창의적인 전시 기획과 콘텐츠 제작에 집중할 수 있게 큐레이터의 업무를 보완하고 효율성을 높이는 역할을 할 것이다.

다만 AI 기술의 한계를 인지하고, AI가 제공하는 정보를 비판적으로 검토하는 것은 필요하다. 챗GPT와 같은 언어 모델은 주장(claim)을 사실로 분류하기를 꺼리는 경향이 있고, 사실 확인의 정확도가 아직 완벽하지 않다. 따라서 전시 기획 과정에서 AI가 제공하는 정보를 다른 출처와 비교하고 검증해야 한다.

## 참고문헌


국립중앙박물관 · 한국전자통신연구원(2022). 『공존과 지속: 지능형 큐레이션 플랫폼포럼 자료집』. 국립중앙박물관.

박진호 외(2022). 역사인물형 인공지능 디지털 휴먼 콘텐츠에 관한 연구. ≪한국콘텐츠학회 종합학술대회 논문집≫, Vol.2022 No.7, 329-330쪽.

박진호 외(2023). 거대생성 AI인 chat GPT를 통한 AI디지털 휴먼 개발 연구. ≪한국콘텐츠학회 종합학술대회 논문집≫, Vol.2023 No.8, 187-188쪽.

오세욱 · 송해엽(2023). 대규모 언어 모델과 저널리즘. ≪한국언론진흥재단 연구서≫. 2023-01.

이다영 · 한정엽(2022). 디지털 휴먼 제작기술 기반 영상미디어 활용사례 및 특성연구 -실시간 / 비실시간 영상을 중심으로. ≪한국공간디자인학회 논문집≫, vol.17, No.7, 419-428쪽.

이보아(2000). 『박물관학 개론』. 김영사.

Mason R. H. et al.(2017). *Museum and Gallery Studies: The Basics.* Routledge. 오영찬 옮김(2020). 『한 권으로 읽는 박물관학』. 사회평론아카데미.

Tordecilla, J.(2024.2.14). I created an AI tool to help investigative journalists find stories in audit reports. Here's how I did it and why it matters. *Reuters Institute for the Study of Journalism, University of Oxford.*: https://tinyurl.com/2aghuof8

## 02
## 박물관 교육에서 AI 활용하기

전통적 박물관 교육에서 학습으로의 변화에 필요한 서사적 상상력과 생성형 AI의 결합은 더 풍성하고 극적인 교육 효과를 가져올 것이다. 박물관 교육에서 AI 활용은 아직 초기 단계이지만, 개인 맞춤형 박물관 학습의 가능성과 박물관 데이터의 교육 플랫폼을 통한 공공 개방은 박물관 학습 콘텐츠의 질적 향상과 문화 학습 매개자 전문 교육 강화에 필수 조건이 될 것이다.

AI와 MBTI?

## 박물관 교육의 변화와 AI

과거 박물관 교육은 정보 전달이 목표였다. 관람객이 다른 사람과 같은 전시품을 보고 패널을 읽으면 정확히 같은 지식을 취득할 것이라 기대한 것이다. 그러나 관람객은 이처럼 동일하게 행동하거나 반응하지 않는다. 오히려 관람객은 방문에 영향을 주는 자기 경험과 생각을 지니고 박물관에 오고, 각 관람객은 서로 다른 메시지와 이해한 지식을 가져간다. 따라서 현재의 박물관 교육 담당자는 전통적 '교육' 접근 방식과 선형적 지식 전달을 지양하고, 교육(education)에서 학습(learning)으로 변화를 실천하고 있다.

이런 변화에 따라 박물관 학습에서는 서사적 상상력이 필요해졌다. 서사적 상상력이란 박물관 소장품을 매개로 동원하는 주관적 사고가 아니라 박물관 전시품의 역사적 맥락과 드러난 사실을 기반으로 과거의 삶을 이해하고 과거에 일어난 사건 이면의 지적 기반을 탐색하는 과정이다. 이러한 과정 학습을 위해서는 학습 참여자가 선택할 수 있는 다층적 이야기 구조, 이야기의 확장이 가능한 비선형적 서사구조, 그리고 이야기를 구성하는 정보의 상호 연결성이 뒷받침되어야 한다. 기존의 교육에 비해 더 많은 데이터와 이를 기반으로 생성된 수많은 스토리텔링이 필요한 것이다.

생성형 AI는 이러한 복잡하고 다양한 요구에 맞춰 교육 콘텐츠를 만드는 데 도움이 된다. 특히 문화 학습 매개자, 즉 큐레이터나 교사처럼 박물관 전시와 관객의 특성을 이해하고 분석해 전시품이 관객에게 전하려는 메시지를 명확하게 전달하는 전문 인력의 커뮤니케이션 역량을 향상하는 데 유용하다. 향후 박물관 교육은 학습자와 AI의 상호작용성을 이용한 인터랙티브 스토리텔링(interactive storytelling)이 필요하다. 전시품에 구체적으로 드러나지 않는 부분을 상상하며 어떻게 사용했을지 이해하고, 특정 시기의 역사적 사건이나 인물과 관련되어 있다면 그러한 위치에 처한 이가 가질지 모르는 감정, 소망, 욕구를 추측해 본다. 여기에 자기 삶과 연결 지어 사유하게 되면 더 풍성하고 극적 교육 효과를 볼 수 있다.

## 개인 맞춤형 박물관 학습

국립경주박물관에서는 코로나19 팬데믹 시기인 2022년 어린이날 100주년을 맞아 비대면 온라인 행사의 하나로 메타버스 플랫폼 '젭(ZEP)'을 활용한 교육 콘텐츠를 운영했다. 메타버스 안에 조성한 가상의 국립경주박물관에서 신라의 역사와 문화에 관한 퀴즈를 풀고 교육 담당자 아바타인 가상 도슨트를 따라 박물관 전시품 정보를 수집하고 알아가는 과정이었다. 호응은 컸으나 문제는 교육 담당자가 접속하지 않은 나머지 시간이었다. 교육 담당자가 메타버스에 접속해 이용자와 상호작용할 때는 호응이 높았지만, 담당자가 메타버스 안에 없는 시간 동안 메타버스의 논 플레이어 캐릭터(NPC, Non Player Character)만으로는 지속적 참여를 끌어낼 수 없었다. 정해진 규칙에 맞춰 메시지를 입력하면 발화를 출력하는 단순한 NPC로는 이용자의 다양한 요구를 만족시킬 수 없기 때문이다.

사람들이 박물관 교육을 받는 학습 동기는 다양하다. 자국의 역사를 확인하기 위해, 자녀의 학습을 돕기 위해, 가치 있는 여가를 위해, 또는 단순한 취미 등이다. 같은 전시품이라도 역사적 가치에 관심을 두는 것과 예술 작품으로서 가치는 다르다. 이렇게 다양한 요구들 사이에서 생성형 AI는 학습의 보조 도구로써 혹은 맞춤형 교육 콘텐츠 제작을 위해 활용될 수 있다. 만약 학습자가 박물관 전시품을 보고 역사의 특정 주제에 관심을 갖게 되었다고 가정해 보자. 학습자는 궁금한 것을 질문하고 생성형 AI가 제시한 초기 답변을 바탕으로 추가 질문을 주고 받으면서 학습하고, 주제를 더 깊이 이해할 수 있다. 어찌 보면 보조 교사가 학습자 개개인에게 학습자의 질문에 답변하며 궁금증을 풀어나가는 것과 유사한 효과다. 다시 말해 메타버스가 학습 공간이라면 생성형 AI가 적용된 NPC는 가상공간에 상주하는 개인 맞춤형 보조 교사다.

꼭 메타버스 안의 AI NPC가 아니라도 AI 보조 교사는 학습자뿐 아니라 교육 담당자에게도 유용하다. 고품질의 개인화한 수업 자료를 빠르게 생성하고, 과제의 피드백 제공처럼 반복되거나 시간이 많이 소요되는 작업은 AI 보조 교사로 대체 가능하다.

박물관에서 생성형 AI를 교육에 사용하기로 했다면, 적용 범위 등 가이드라인과 함께 사용법 교육이 먼저 실행되어야 한다. 생성형 AI 사용은 프롬프트(prompt)부터 시작한다. 프롬프트란 생성형 AI에 입력하는 입력값을 의미한다. 즉 '질문'이다. AI에게 수준 높은 결과물을 얻기 위해서는 적절한 프롬프트를 설계하고 개발하는 작업이 필요하다. 좋은 답을 얻기 위해 우선 좋은 질문을 해야 하는 것은 인간에게도 AI에도 마찬가지다. 박물관 교육에서 생성형 AI의 도입은 교육 담당자가 좋은 질문을 할 수 있게 학습자를 돕고, 학습자는 AI와 질문하고 답하면서 스스로 답을 찾아가는 초개인화된 교육의 새로운 가능성을 열어 준다.

## 박물관 교육 플랫폼의 미래

시민의 여가와 평생학습을 수행하는 민간 박물관이나 미술관 등 문화 시설이 늘어나고 있다. 이에 따라 국립중앙박물관은 교육 프로그램의 직접 운영과 양적 확대를 넘어 국립박물관 교육의 역할을 재정의하고 새로운 추진 전략과 실행 방안을 모색하고 있다. 이러한 발전 방안에는 학습 콘텐츠의 질 향상과 문화 학습 매개자 전문 교육 강화가 포함된다.

현재까지 박물관 교육은 주로 방문자 대상 큐레이터의 전시 해설, 교육 프로그램 등으로 이루어졌다. 그러나 이 방식은 개인화한 방문 학습자의 변화한 요구를 충족시키는 데 어려움이 있고, 학습 효과를 높이는 데에도 한계가 있다. 이를 해결하고, 국립박물관으로서 박물관 교육 정책과 선도적 학습 모델을 개발하는 데 AI 기술은 긍정적 영향을 준다.

생성형 AI는 기본적으로 딥러닝으로 방대한 데이터의 패턴과 관계를 학습해 질문의 답을 생성하는 기술이다. 따라서 AI 시스템의 학습 효과를 높이기 위해서는 방대한 양의 박물관 아카이브 데이터 기반 학습이 선행되어야 한다. 이를 위한 박물관 데이터의 공공 공개는 박물관이 활용 가능한 AI 기술 개발과 연구를 활성화하고, 다양한 AI 기반 박물관 교육 콘텐츠 개발을 촉진하는 필수 조건이다.

박물관의 교육 플랫폼으로 공개된 데이터는 문화 학습 매개자의 학습 설계, 보조 이미지나 음원 제작, 평가 등의 업무를 지원해 업무 효율성을 높인다. 학습자 개개인의 학습 스타일, 흥미, 수준 등을 분석해 맞춤형 학습 콘텐츠와 경험 제공에도 쓰일 수 있다. 이는 문화 학습 매개자의 전문성을 강화하는 든든한 지원군이 될 것이다. 또한 박물관 방문자를 대상으로 직접 운영하는 교육 프로그램 학습 콘텐츠의 질적 향상도 도모할 수 있다. AI 기술의 발전은 박물관 교육 플랫폼을 개선하고 AI 기반 챗봇, 가상 현실(VR), 증강 현실(AR) 기술을 접목해 학습자에게 몰입형 학습 경험을 제공할 수 있으며, 개인 맞춤형 학습 콘텐츠로 학습 효과를 극대화할 수 있다.

박물관 교육에서 AI 활용은 아직 초기 단계다. 앞으로는 박물관 교육의 새로운 패러다임을 제시하고, 학습자에게 더 효과적이고, 흥미로운 경험을 제공할 것으로 기대된다.

## 참고문헌

김수민 · 백선환(2023). 『챗GPT 거대한 전환』. 알에이치코리아

손혜숙(2023). 인공지능 시대, 서사적 상상력을 활용한 인문 교양교육 방안 연구. ≪교양학 연구≫. 제25집, 35–60쪽.

조원이 · 유현석(2023). 생성형 인공지능의 교육적 활용에 대한 국내 연구 동향 탐색. ≪컴퓨터교육학회논문지≫. 제26권 제6호

지영호·민지은(2015). 문화예술 향유권 확대를 위한 '문화매개' 및 '문화매개자'에 관한 연구. ≪문화정책논총≫. 제29집 1호, 28–49쪽.

Mason R. H. et al.(2017). Museum and Gallery Studies: The Basics. Routledge. 오영찬 옮김(2020). 『한 권으로 읽는 박물관학』. 사회평론아카데미.

03
# 박물관 연구에서 AI 활용하기

박물관의 주요 기능인 문화유산 연구에서 첨단 기술을 활용해 우리 문화유산을 관리하고 보존할 수 있는 '문화유산 과학센터'를 소개한다. 다양한 데이터 양식을 혼합해 다루는 박물관 연구에 필요한 멀티 모달 AI와 이를 활용하기 위한 AI 학습용 데이터세트 확보의 중요성을 살펴본다. 또한 역사 · 문화유산 복원에서 AI 활용과 예방 보존의 가능성을 살피고 그 한계를 지적한다.

AI와 난임 극복?

## 시간을 복원하는 과학

사람들에게 국립박물관은 국가유산의 전시장이자 사회교육 기관이지만 연구자에게 국립박물관은 개인이 수집할 수 없는 국가유산 자료의 보고이자 연구 기관이다. 박물관에 수집 · 정리된 여러 자료는 박물관의 전문 직원인 큐레이터나 기타 전문가에게 학술적 조사 연구 자료로 이용된다. 특히 국립박물관은 1976년 보존과학실(현 보존과학부)을 개설한 이후 소장품의 재질별 손상 유형과 보존처리 방법 등 많은 복원 기술 자료를 축적했다.

박물관 보존과학은 국가유산의 역사적 가치를 밝히는 고고학이나 미술사학과 같은 인문학적 지식을 기반으로 국가유산 보존에 실질적으로 적용할 수 있는 자연과학적 사고와 공학적 접근이 필요한 융복합 학문이다. 박물관 소장품은 일반적으로 옛날부터 전해져 내려오거나 고고학적 발굴조사로 출토되는 경우가 대부분이다. 이 과정에서 국가유산의 원래 모습은 자연적으로 변형되거나 인위적으로 훼손된다. 과거의 보존과학은 이렇게 손상된 국가유산의 원형을 최대한 유지하기 위한 적절한 환경 구축과 보존 처리가 주요 과제였다. 그러나 현대의 보존과학에서는 국가유산의 손상 원인을 파악하고 주변 환경에서 안정적으로 보존하는 예방보존이 중요해지고 있다. 보존과학의 주요 분야로는 국가유산의 보존 처리, 재질이나 구성 성분에 관한 과학적 분석 연구, 국가유산의 생물 피해 방제 및 방법 연구, 제작연대 추정, 재질별 보존환경 연구, 노화 메커니즘 규명, 디지털 복원 및 영상 분석, 비파괴 검사 및 건전성 평가, 복제 및 모사 방법과 재료 연구 등 매우 다양하다.

국립중앙박물관은 첨단 과학기술을 활용해 우리 문화유산을 관리하고 보존할 수 있는 '문화유산 과학센터' 개관(2025년)을 앞두고 센터를 효율적으로 운영하기 위한 '디지털 보존과학 시스템'을 구축하고 있다. 이 사업은 손상된 문화유산을 가상 디지털 복원 기술과 AI 기술을 접목해 신속하게 보존 · 복원해 원형을 살리는 '가상 디지털 복원 시스템'과, 문화유산의 보존과학 정보 빅데이터에 기반을 둔 맞춤형 AI를 활용하는 '문화유산 디지털 분석 · 평가', 국내 국 · 공 · 사립 박물관과 국외 한국실 운영 박물관 소장품의 보존과 관리 지원을 위한 '스마트 원격 진단 시스템'으로 구성된다. 향후 국립중앙박물관 문화유산 과학센터의 디지털 보존과학 시스템은 국 · 공 · 사립 박물관에서 보존과학 데이터를 효율적으로 관리하고, 보존과학 분야의 전문가들과 협력해 국내외 박물관 소장품의 보존에 이바지하는 도구가 될 것이다.

## 멀티모달 AI와 박물관

국립박물관은 현재까지 성분분석, X선 조사, CT 조사, 3D 스캔 등 9500여 점의 소장품 분석조사 데이터를 확보하고 244만여 점에 달하는 국립박물관 소장품을 시대 · 재질 · 양식 · 제작기법 등으로 분류해 과학적 조사자료를 구축하고 있다.

연구 가치가 있는 주제를 식별하기 위한 자료 조사는 큐레이터와 전문 연구자의 전통적 업무 중 하나이지만, 과거에는 문제를 해결하고자 다수의 인원이 오랜 기간 수작업으로 정리나 요약 작업에 참여해야 했다. 그러나 방대한 양의 텍스트 데이터를 처리해 인간의 언어를 이해하고 생성할 수 있는 AI 시스템을 이용하면 이러한 작업이 좀 더 수월해질 것이다. 이미 법률, 언론, 금융 분야에서 독자적 자연어 처리에 기반을 둔 데이터베이스를 구축해 자료 접근성을 높이려는 시도가 있었다. 이처럼 박물관에서 오랜 기간 수행해 왔던 유사한 작업도 생성형 AI의 개선된 성능을 바탕으로 효율성을 높이는 것이 가능하다.

박물관 연구는 다양한 데이터 양식을 혼합해 다루는 사례가 많다. 예를 들어 발굴 문화유산 복원에는 종종 현장 기록부, 메모 등의 텍스트뿐 아니라 CT, X-ray, 기록

사진과 같은 이미지 자료가 모두 필요하다. 소장품에 관한 정보에도 다양한 형식의 데이터가 포함되는 예가 많다. 이미지나 동영상 정보를 바탕으로 소장품을 검색해야 할 때 형태나 색상 같은 시각 정보를 처리해야 하는 때도 생긴다. 텍스트 전용 대규모 언어 모델은 다양한 용도로 활용되지만, 텍스트만으로는 분명히 한계도 있다. 따라서 박물관 연구에는 텍스트, 이미지, 영상, 음성 등 다양한 데이터를 함께 고려해 서로의 관계성을 학습하거나 표현하는 멀티모달(multimodal) 접근 방식의 AI가 필요하다. 멀티모달 AI는 기존의 텍스트 기반 대규모 언어 모델과 달리 좀 더 풍부한 자료 탐색이 가능해 과거의 박물관 연구에서 수작업으로 처리하던 기초자료 조사 시간을 획기적으로 단축할 수 있다. 예를 들어 국립중앙박물관은 소장 금속활자 약 50만 자의 조성 성분과 서체 분석을 진행하고 있는데 수많은 활자의 분석 조사 데이터와 디지털 이미지 기록들을 AI의 도움으로 분류하고 대조 분석한다면 우리나라 금속활자의 시대별 특징을 밝히는 연구가 더 심도 있게 진행될 것이다. 다른 예로 국립익산박물관에서는 미륵사지에서 출토된 치미 복원 사업에 시뮬레이션을 활용한 복원 기술 일부를 적용해 성과를 거둔 바 있다. 앞으로 과제는 수작업으로만 이루어지던 문화유산의 가상 접합 복원 시뮬레이션을 AI 기술로 자동화해 더 신속하고 정확한 디지털 복원에 활용하는 것이다. 또한 국내외 박물관, 개인, 단체 등에서 소장 중인 문화유산과 대조해 더 객관적이고 적절한 가치 평가를 수행하는 것도 예상해 본다.

## AI 활용의 이상과 현실

AI는 지금 이 순간에도 발전하고 있다. 이러한 기술의 발전으로 과거에는 시도조차 어려웠던 일들이 가능해지고 있다. 문화유산은 제작 이후 오랜 역사를 거치면서 원상 또는 원형의 변화를 겪는다. 특히 적극적 보존이 필요하다면 해체, 이동, 복원, 수리, 보수 등의 인위적 조치를 한다. 지금은 국립광주박물관 상설전시실에 있는 광양 중흥산성 쌍사자 석등 역시 조성 이후 몇 차례 이전 복원을 겪었다. 국립광주박물관은 2020년 상설전시실을 전면 개편하며 광양 중흥산성 쌍사자 석등의 해체복원 전·후의 형상을 지상 레이저 스캐너로 기록했다. 개별 부재 역시 정밀 스캐닝해 3차원 모델을 제작했다. 또한 지상 레이저스캔 결과를 기준으로 개별 부재의 재조립 시뮬레이션을 수행하고, 해체 복원 전·후 부재 간 이격 차이 등을 정밀하게 분석했다. 이렇게 확보된 디지털 자료들은 우리나라 석조 문화유산 복원을 위한 AI 학습용 데이터세트(dataset) 확보라는 의미가 있다.

문화유산의 특성은 다양성에 비해 풍부한 학습용 데이터 확보가 어려워 AI로 특징을 추출하고 분류하기 매우 까다롭다. 그래서 온전한 역사 문화유산 데이터는 인공신경망 학습을 통한 문화유산 복구의 기준이 되기 때문에 중요하다. 시대순으로 충분한 학습 데이터가 제공된다면 앞으로 AI는 문화유산의 잃어버린 부분을 추측하고, 시대의 중간에 제작된 문화유산의 시간적, 지역적 특성을 예측하는 것이 가능할 것이다. 이는 예방 보존 차원에서도 전기를 마련할 수 있을 것으로 보인다. 예를 들어 광양 중흥산성 쌍사자 석등 형상 데이터, 석등 부재의 화학 조성과 암석 특성을 AI가 학습한다면 향후 변형될 수 있는 모양을 예측해 예방 보존하는 기술을 기대할 수 있다. 다만 AI가 내놓는 답은 조건부 확률 기반의 통계치, 즉 어떤 일이 일어날 가능성 또는 개연성 있는 답일 뿐 아무리 많은 사례에서 도출된 답이라도 문화유산의 사라진 부분이 돌아오는 것은 아니기 때문에 사실 증명은 아니다. 따라서 AI가 생성한 결과를 문화유산 복원에 활용할 때는 신중해야 한다. 현재 AI를 활용한 박물관 연구의 현실은 박물관이 소장하고 있는 소장품의 실재성을 바탕으로 문화유산의 원형을 다양하게 재해석하고 보존 방향을 모색하는 새로운 출발점에 서 있다.

## 참고문헌

김준오 · 이병권(2021). 기와의 와당에 인공신경망 적용을 통한 인공지능의 문화재 복구 가능성에 대한 연구. ≪한국컴퓨터정보학회 논문지≫. 제26권 제1호, 19-26쪽.

신용비 · 허일권(2022). 국립중앙박물관 소장 조선 전기 금속활자의 조성 성분과 통계분석. ≪박물관 보존과학≫. 제28집, 89-108쪽.

신용비(2024.4). 문화재 보존과학을 혁신한다. 박물관신문 제631호. https://webzine.museum.go.kr/sub.html?amIdx=16300

연합뉴스(2023.5.15). 3D 분석하고 맞춤형 보존처리…'문화유산 과학센터' 들어선다, https://www.yna.co.kr/view/AKR20230515057300005

오세욱 · 송해엽(2023). 대규모 언어 모델과 저널리즘. ≪한국언론진흥재단 연구서≫. 2023-01.

이병권 외(2023). 문화재복원을 위한 콜맵 3D 재구성 어플리케이션에 관한 연구. ≪한국컴퓨터정보학회 논문지≫. 제28권 제8호, 95-101쪽.

이병권 · 박영채(2023). 유물 복원 시 인공지능 훈련을 위한 탑 모델링에 관한 연구. ≪한국컴퓨터정보학회 논문지≫. 제28권 제9호, 27-34쪽.

이보아(2000). 『박물관학 개론』. 김영사.

정용재(2018). 국립중앙박물관 보존과학 기능 발전 방안연구. ≪박물관 보존과학≫. 제19집, 99-116쪽.

조영훈 · 홍성혁(2023). 광양 중흥산성 쌍사자 석등의 해체복원 전·후

형상 변화 분석. ≪일제강점기 자료조사 보고≫. 제47집, 62-75쪽.

## 04
# 박물관 운영에서 AI 활용하기

박물관의 안전 관리와 유지 보수는 단순히 시설의 안전을 지키고 건물을 유지하는 것 이상의 의미를 지닌다. 사회 공동체와 구성원의 역사와 문화를 보존해 미래에 전달하기 위한 박물관 시설 관리 분야에 적용될 수 있는 최신 AI 기술을 소개한다. 그리고 박물관 시설의 생애 주기 동안 생산되는 다양하고 방대한 시설 데이터를 효율적으로 활용하기 위한 방안을 알아본다.

AI와 사주?

## 박물관의 운영 구조

박물관 운영을 위한 조직에는 기본적으로 세 가지 구성 요소가 필요하다. 소장 자료의 수집 · 보존 · 연구 및 전시를 담당하는 '학예 연구', 박물관 교육 및 문화 사업을 담당하는 '교육 문화 교류', 행정과 시설의 방호 · 안전관리 · 유지 보수를 담당하는 '기획 운영'이다. 세 가지 구성 요소는 서로 겹치지만, 유기적으로 연결된 체계 아래에서 업무의 성격과 전문성에 따라 업무 분담이 이루어진다. 이 중 '기획 운영' 조직은 행정 부서로서 인사, 재정, 안전 관리, 유지 보수, 관람객 서비스를 담당한다. 전문 큐레이터 중심으로 박물관의 기본 활동인 수집 · 보존 · 연구 · 전시를 담당하는 학예 연구 부서와 교육과 대외 교류를 담당하는 교육 문화 교류 부서가 박물관의 소프트웨어(software)를 운영하는 조직이라면, 기획 운영 부서는 박물관의 하드웨어(hardware)를 운용하는 조직이다.

박물관은 과거의 유산을 보존하고 전시하는 공간이자, 현재의 우리가 역사와 문화를 배우고 경험할 수 있는 교육의 장이다. 또한 미래 세대에게 과거의 유산을 물려주는 중요한 역할을 한다. 이러한 박물관의 기능을 온전히 수행하기 위해 박물관의 안전 관리와 유지 보수는 단순히 시설의 안전을 지키고 건물을 유지하는 것 이상의 의미를 지닌다. 소중한 문화유산을 화재, 도난, 자연재해 등에서 보호하고, 오랜 시간 동안 안전하게 보존해야 하는 윤리적 책임이 있어서다. 오랜 시간 사용하면서 시설은 노후하고 마모된다. 이렇게 오래되고 낡은 시설은 안전사고로 이어질 위험이 높을 뿐 아니라 방문객들에게 불편함을 주고, 박물관의 이미지를 실추한다. 따라서 정기 점검과 보수로 시설의 기능을 유지하고 사고를 예방해 안전하고 편안한 관람 환경을 유지 관리하는 것은 방문객이 박물관 전시에 집중하고 즐길 수 있게 하는 기초적 관람객 서비스 활동이다. 박물관의 사회 · 문화적 역할은 단순히 과거의 유물을 보관하는 공간이라는 데 그치지 않는다. 사회 공동체와 공동체 구성원의 역사와 문화를 보존해 미래에 전달하기 위해 박물관 시설의 안전 관리와 유지 보수는 필수 업무다.

## 박물관 유지 관리의 미래

최근 건설업계에서는 설계, 시공, 유지 관리에 걸쳐 다양한 AI 기술을 도입했거나 도입을 고려하고 있다. 이 중 박물관 시설의 유지 관리 분야에 적용할 수 있는 AI 기술 사례를 살펴보면 점검 진단, 상시 계측, 보수 보강, 노후도 예측으로 세분할 수 있다.

먼저 점검 진단을 위한 AI 기술로 드론이나 로봇 등 무인 이동체를 활용한 점검 자동화 기술, 시설물 점검 사진을 분석해 균열 등의 손상을 감지하고 손상 위치와 크기 · 면적을 정량화하는 기술이 있다. 상시 계측을 위한 AI 기술은 기울기나 진동 등의 정보를 계측할 수 있는 가속도 센서 데이터, 사물인터넷(IoT, Internet of Things) 센서 데이터로 박물관 시설의 손상 위치나 계측 이상치를 탐지해 성능 변화와 위험도를 관리하는 기술이다. 또한 콘크리트 열화 모델을 생성하거나 가속도 데이터, 건전성 데이터 기반으로 박물관 시설의 노후도를 추정해 시설물의 남은 수명을 예측하는 데 AI를 활용할 수 있다. 보수 보강 데이터를 학습시켜 유지 관리 공법과 보수 시기, 보수 비용 등을 미리 산출해 예방 관리를 위한 목적으로 활용할 수도 있겠다.

박물관 시설은 단순한 정적 구조물이 아니다. 온 · 습도, 조명, 전력 시스템 등 에너지의 경제적 관리, 자동 화재 감지 장치나 보안 경비와 같은 건물 안전이나 재해 처리 기능, 엘리베이터 제어 등 다양하고 복잡한 기술들이 접목되어 있다. 앞으로는 AI 도입으로 태양복사, 전자제품의 부하 등 지금까지 다루지 않았던 변수들의 정보 획

득 및 활용으로 에너지 절감이 가능하고 데이터 관계 학습을 활용한 예방적 유지 관리와 고장 진단도 가능할 것이다. 게다가 인간과의 피드백으로 박물관 직원과 관람객에게 조금 더 편안한 환경을 제공할 것으로 보인다. 이 밖에도 AI가 적용된 스마트 공기조화기술(HVAC, Heating, Ventilating, and Air Conditioning)은 박물관의 냉난방 소요량을 모니터링해 과소 · 과다 운전을 최소화하고 에너지 절감의 최적 환경을 조성할 것이다. AI 카메라나 센서를 이용해 전시물의 손상이나 도난을 방지하고, AI 스피커나 알림 장치를 이용해 비상 상황이나 안내 사항을 전달하는 미래를 예상할 수 있다. AI가 적용되면 기존의 의사 결정을 따르는 방식에서 의사 결정을 수행하는 방식으로 전환될 수도 있다. 예를 들어 난방 설비 가동 시 평균 18℃ 이하, 냉방 설비 가동 시 평균 28℃ 이상이라고 제시된 실내 온도 제어 기준을 따르기만 하는 것이 아니라 여러 입력원의 데이터를 분석해 최적의 규정이나 지침 등을 제시하는 것이다.

결국 AI는 건물 전체에 수많은 장비와 센서를 장착하고 다양한 형태로 수집되는 건물 내 방대한 데이터(BigData)를 빠르게 수집해 이를 분석한 후 유용한 정보를 도출해 박물관 관리자가 최적의 의사 결정을 가능케

하는, 한 단계 진전된 박물관 운영의 기회를 제공한다는 것이다.

## AI 활용을 위한 조직 변화

국립중앙박물관이 지금의 용산에 자리 잡기 이전에는 경복궁 내에 있었다. 1972년 신축한 경복궁 국립중앙박물관 건물은, 1986년 국립중앙박물관이 지금은 사라진 중앙청으로 이전한 이후 1993년부터 국립민속박물관으로 사용되다 경복궁 복원 사업에 따라 철거될 예정이다. 이렇듯 박물관 시설 역시 여타의 시설과 같이 처음 건립된 이후 '탄생–유지 · 운영–철거' 등의 생애주기를 가지고 있다. 박물관 시설의 생애주기 중 유지 · 운영 기간 동안 박물관 시설은 다양한 데이터를 생산한다. 이들을 디지털 데이터로 획득 · 보관 · 활용하는 과정에서 AI의 도입 기회를 가질 수 있다. 물론 AI 도입을 위해서는 신기술 적용이라는 단순한 의미보다는 신기술 도입에 따른 효과가 반드시 전제되어야 한다. 박물관 내 전기, 공조, 승강기, 상하수도, 보일러, 주차장, 사무실 관리 등 전통적 시설 서비스에 IoT 도입과 확산으로 대량의 데이터가 발생하는 상황을 고려하면, AI 기술의 도입을 위한 필요조건은 갖추어져 있다.

시설의 방호, 안전 관리, 유지 보수를 담당하는 기존의 조직에서는 충분히 활용하지 못하던 다양하고 방대한 데이터를 분석하고 효율적으로 사용하기 위해서는 기획 운영 조직뿐 아니라 학예 연구와 교육 조직을 포함한 전체 조직 간 협업을 발휘할 수 있게 운영 구조를 재설계해야 한다. 전시를 위한 실내 구조 변경이나 조명 작업, 교육이나 행사 운영 등 시설 사용에 따라서도 유지 운영에 필요한 데이터가 발생하기 때문이다. 따라서 조직의 각 부서가 서로 다른 부서와 담을 쌓고, 자기 부서의 이익만 추구하는 '사일로 효과(Organizational Silos Effect)'에 갇혔을 때 발생하는 데이터 통합 문제를 극복하고 박물관 내에서 AI를 제대로 활용하기 위해서는 박물관 조직의 변화 관리가 수반되어야 한다. 예를 들어 '최고 정보 책임자(CIO, Chief Information Officer)'를 두고 활용할 데이터의 구축 · 분석 · 저장에 관해 조직 내부의 원활한 커뮤니케이션을 유도하는 것도 한 방법이다.

AI의 학습 역량을 과대평가하거나 과신하는 것은 박물관 유지 관리의 실제 가치를 훼손할 수 있다. 경험과 실행으로 얻어지는 암묵적 지식은 인간의 영역이다. AI는 일상적으로 수집되는 방대한 데이터를 저장, 분류하고 분석해 범람하는 정보 데이터와 같은 형식적 지식을 체계화하는 역할을 담당한다. 또한 박물관 시설 관리자의 의사 결정을 지원한다. 인간은 AI를 훈련하고 성과를 모니터링, 평가하면서 인간과 AI가 상호작용하는 프로세스를 발전시켜야 할 것이다.

## 참고문헌

디지털타임스(2023.11.6). "어떤 환경에서든 AI가 최적의 제어전략 도출합니다",
https://m.dt.co.kr/contents.html?article_no=2023110602109958063007

연합뉴스(2017.7.20). 용산으로 옮기려던 국립민속박물관, 세종 이전 추진된다,
https://www.yna.co.kr/view/AKR20170719168900005

원지선 외(2022). 시설물 유지관리 분야 인공지능 연구동향 분석. ≪2022 한국정보기술학회 추계 종합학술대회 논문집≫. 178-178쪽.

이광희 외(2019). 스마트빌딩의 인공지능 도입 환경 고찰. ≪ETRI Insight≫. Insight Report 2019-44

이보아(2000). 『박물관학 개론』. 김영사

Jarrahi, M. H., et al(2023). Artificial intelligence and knowledge management: A partnership between human and AI. *Business Horizons*. Volume 66, Issue 1, pp.87-99

## 05
# 박물관 PR에서 AI 활용하기

AI의 전략적 활용은 박물관 PR의 미래를 위한 투자다. 공중의 반응과 쟁점을 실시간으로 분석해 적절한 메시지와 전략을 제안하며, 박물관의 평판 유지 · 향상을 위한 일상적 커뮤니케이션에 큰 영향을 가져올 AI. 즉각적 상호 작용과 인터랙티브 스토리텔링으로 PR 메시지를 효율적으로 전달할 수 있는 가상 인플루언서 캐릭터 등 AI 시대의 박물관 PR의 변화를 살펴본다.

AI와 아이돌?

## AI가 가져올 박물관 PR의 변화

박물관에 대하는 사람들의 태도는 각양각색이다. 평생 한 번도 찾지 않는 사람도 있고, 가족 친지와 함께 시간과 기회가 있을 때마다 여러 차례 방문하는 사람도 있다. 이렇게 다양한 공중과 상호 호혜적 관계를 맺고 유지하기 위해 박물관은 다양한 커뮤니케이션 수단으로 공중관계(PR, Public Relations)를 관리한다. 특히 대외적으로 긍정적 평판을 오랫동안 유지하고 싶은 박물관으로서는 모호한 전체 공중을 특정 기준으로 나눠 표적화하는 것이 박물관 PR 전략의 첫 단추다. AI는 대량의 데이터에서 의미 있는 패턴을 발견하고, 분석하는 데 장점이 있다. 따라서 AI를 활용한 데이터 기반의 공중 세분화는, 단순히 미리 정의된 분류를 기반으로 선별하는 기존과 달리 개인의 선호도에 맞는 PR 메시지 제작 등에 상당한 장점을 발휘할 것이다.

두 번째 단추는 생산성 향상이다. 박물관은 종종 자원 부족으로 원하는 만큼 PR을 하지 못한다. 그런데 생성형 AI로 박물관 커뮤니케이션을 위한 부족한 자원을 보충할 수 있다. 예를 들어 보도자료 작성, 소셜 미디어 댓글 자동 필터링이나 관리 등이다. 일정량의 작업을 자동화한다면 큐레이터가 더 중요한 업무에 집중할 수 있다.

마지막으로 창조적 아이디어 구상이다. AI 기술의 발전과 함께 이제는 진화한 AI가 스스로 창작의 영역을 넘보는 시대가 되었다. 다양한 아이디어와 캠페인을 구상하는 과정에서 정보를 쉽게 검색하거나 공유하고, 작업을 조정하는 일뿐 아니라 설명문, 보고서 등 글쓰기, 그림 그리기 같은 창작 영역에서도 생성형 AI는 큰 도움이 된다.

조직이 공중과 커뮤니케이션하는 방식은 다양한 요인, 특히 기술 진보와 미디어의 변화에 따라 지속해서 변화해 왔다. 박물관의 PR 커뮤니케이션은 앞으로 기술이 진보할수록 더욱 복잡해질 것이다. 따라서 전략적 사고와 AI 활용이 결합해 미디어의 변화를 이해하고 적용하는 것이 중요하다. 생성형 AI는 정보를 처리하고 분석하며 그 결과를 활용해 새로운 전략을 만들어 내는 데 막강한 도구가 될 수 있다.

## PR 담당 큐레이터를 위한 도구, AI

국제 PR 네트워크인 IPRN(International Public Relations Network)은 2024년 2월, 전 세계에 다양하게 분포된 회원사의 83%가 AI 사용에 긍정적이라는 설문 결과를 내놓았다. PR 산업은 어떤 방식과 형태로든 AI를 활용하고 있고, 앞으로도 그럴 것이다. AI는 다양한 소스(소셜 미디어, 뉴스 매체, 온라인 포럼 등)에서 방대한 양의 데이터를 수집하고 분석해 추세를 파악한다. PR 캠페인의 효과를 추적하는 미디어 모니터링뿐 아니라 콘텐츠를 더욱 효율적으로 만들고 언론 보도의 가능성을 예측한다. 또 특정 공중에게 메시지를 더욱 쉽게 맞춤화할 수 있는 기능을 제공해 결과적으로 PR 활동의 효율성을 높인다. 그러나 이러한 PR 전략에는 숙련된 전문가의 지식과 경험이 필요하다. AI는 PR 업계 전문가가 더 효율적이고 효과적이며 전략적으로 일할 수 있게 새로운 도구와 기능을 제공해 PR 분야를 변화시키고 있지만 박물관에서 PR을 담당하는 큐레이터가 실감하기에는 다소 먼 이야기다.

일반적으로 국립박물관 큐레이터는 역사 전공 졸업자가 박물관에서 일하면서 전문 분야의 지식과 해석을 바탕으로 전시를 구현하며 성장한다. 그러나 빠르게 변화하는 환경은 기존의 학예 연구 외에 다양한 역할을 박물관 큐레이터에게 요구한다. 그중에서 PR 업무는 역사 지식을 위주로 교육받아 온 큐레이터에게는 어렵고 큰 난관이다. 이런 난처한 상황을 극복하는 데 생성형 AI는 박물관 큐레이터를 위한 좋은 도구가 될 수 있다. 예를 들어 보도자료는 큐레이터가 박물관 PR을 담당하면서 실무적으로 가장 빈번하게 사용하는 PR 도구다. 보도자료는 전문 글쓰기 영역이라 별도로 훈련받지 못한 큐레이터에게는 상당히 어려운 영역일 수밖에 없다. 하지만 보도자료는 어느 정도 정형화된 형식의 글쓰기이기도 하다. 게다가 내용은 창작이 아니라 사실을 기반으로 한다. 초안은 보도할 내용을 바탕으로 생성형 AI로 작성하고, 큐레이터는 검토·수정해 보도자료를 완성하는 것이 가능하다. 이미 LG·코난테크놀로지 등은 행정안전부 'AI 행정지원 서비스' 도입을 위해 AI가 보도자료, 연설문 등 문서의 초안을 작성해 주는 서비스를 개발했다. 이 밖에도 박물관 PR 담당 큐레이터는 생성형 AI를 사용해 소셜 미디어 메시지와 게시물 등을 작성할 수 있다. 소셜 미디어 게시물 사례를 학습한 생성형 AI에게 보도자료를 문맥(context)으로 제공하고 박물관의 소셜 미디어 콘텐츠를 작성토록 요청하는 것이다. 그리고 AI는 여러 언어로 커뮤니케이션하는 데 유용하다. 해외 홍보를 위해 소셜 미디어를 외국어 계정으로 운영하면 다양한 언어로 콘텐츠를 생성하고 번역하는 데 활용할 수 있다.

현시점에서 AI의 전략적 활용은 박물관 PR의 미래를 위한 투자다. 박물관 PR 담당자는 시간과 비용을 절약하면서도, 창의적이고 효과적인 PR 전략을 수립하는 데 도움을 받을 수 있다. 다만 AI는 인간이 아닌 도구이며 커뮤니케이션의 특정 부분에 필요한 감정이 부족하다는 점을 기억할 필요가 있다. AI는 PR 환경의 필수가 되었기 때문에 계속 존재하지만, 방대한 데이터를 분류하고 인사이트(insight)를 제공할 수는 있어도 선택을 위한 인간의 판단력을 기술만으로 쉽게 대체할 수는 없다.

## AI 시대의 박물관 커뮤니케이션

인플루언서(influencer)란 타인에게 영향력을 끼치는 사람(influence + er)이라는 뜻의 조어로 PR 메시지 확산을 위해 활용하는 사례가 많다. 소셜 미디어에 많은 팔로어(follower)를 보유하고 영향력을 행사하기 때문이다.

생성형 AI 시대에 주목할 만한 인플루언서로는 컴퓨터 그래픽으로 생성된 3D 또는 2D 형태의 디지털 캐릭터인 가상 인플루언서가 있다. 글로벌 인플루언서 마켓 플랫폼 '마켓스앤마켓스(MarketsandMarkets)'는 세계 인플루언서 시장 중 인간 인플루언서 시장이 2020년 7조 6000억 원에서 2025년 13조 원으로 약 2배 성장할 동안 가상 인플루언서 시장은 2조 4000억 원에서 14조 원으로 6배 이상 성장할 것으로 전망했다. 이렇게 가상 인플루언서가 주목받는 이유는 PR 메시지 전달의 효율을 위해 매번 인간 톱스타를 쓰는 것은 비용이 많이 들고 물리적으로 힘들기 때문이다. 가상 인플루언서는 초기 개발 비용 이후에는 추가 비용이 적으며 시간에 따른 외모의 변화조차 통제할 수 있다. 여기에 AI 챗봇이 결합하면 즉각적 상호 작용과 인터랙티브 스토리텔링(interactive storytelling)이 가능하다. 예를 들어 박물관에도 상징 캐릭터가 있다. 국립중앙박물관 어린이박물관에는 '두지'라는 이름의 두더지 캐릭터가 있었고, 국립경주박물관 어린이박물관은 토우 캐릭터인 '도랑', '토랑', '이랑'이, 국립광주박물관 어린이박물관에는 도자기 친구인 '정이', '쭉이', '달이'가 있다. 박물관 캐릭터와 AI 챗봇의 결합은 박물관 이용자의 질문과 문제를 신속하게 해결하고, 익명의 상황에서 이용자를 도울 수 있어 감정 노동의 단점을 극복할 수 있다.

물론 AI 기술은 계속 발전하기 때문에 미래에 어떻게 활용될지 구체적으로 예측하기는 어렵다. 그러나 그 방향은 PR 콘텐츠의 품질과 창의성을 높이고, 공중의 반응과 쟁점을 실시간으로 분석해 적절한 메시지와 전략을 제안하며, 박물관의 평판 유지 및 향상을 위한 일상적 커뮤니케이션 실행에 큰 영향을 미칠 것으로 예상한다.

## 참고문헌

이보아(2000). 『박물관학 개론』. 김영사

조선일보(2023.12.13). 법령·지침 찾아주고 보도자료 작성까지…공무원 업무, AI가 돕는다, https://biz.chosun.com/topics/topics_social/2023/12/13/MZ2D4KCE65DJNDDXQS2V6DQVBA/

중앙일보(2023.4.1). '영원한 청춘' 버추얼 인플루언서 급성장…시장 규모 2025년 14조, 사람 추월할 듯, https://www.joongang.co.kr/article/25151765#home

Guarneri, J.(2023. 3. 22). How PR Professionals Can Use Artificial Intelligence Tools To Enhance Their Work. *Forbes.*: https://tinyurl.com/2yrmvy6x

IPRN(2024.2.23). 83% of PR agency members use Artificial Intelligence. *IPRN PR Business 2024 Survey results.*: https://tinyurl.com/226k6xuo

## 06
# AI와 박물관 접근성

AI와 같이 인간의 삶을 보다 나은 방식으로 변화시키는 디지털 신기술은 장애 여부나 나이와 관계없이 이용자 경험을 개선해 박물관 접근성을 향상하는 데 중요한 열쇠가 될 수 있다. 시각 장애인을 위해 이미지와 관련된 설명을 자동 생성하고, AI와 스마트 기기의 결합으로 박물관 접근성을 혁신한 사례를 통해 따뜻한 기술로 발전하는 AI의 동향을 소개한다.

AI와 야구?

## 모두의 박물관과 유니버설 디자인

국립중앙박물관과 전국 13개 국립박물관은 유니버설 디자인(universal design)을 적용한 공간 개선 종합 계획을 수립해 '모두를 위한 박물관'이 되도록 체계적으로 개선하고 있다. 유니버설 디자인이란 제품 · 환경 · 서비스를 디자인할 때 성인뿐만 아니라 장애인, 노인, 어린이, 임산부, 외국인 등 모두가 이용 가능하며 박물관 이용자들의 전체 여정을 고려해 불편함이 없게 디자인하는 것이다. 박물관 유니버설 디자인은 전시시설, 편의시설 등 환경과 전시 콘텐츠, 교육프로그램, 홈페이지 등의 서비스를 박물관 입장이 허용되는 모든 이용자가 편리하게 이용하는 것을 목표로 한다. 이를 실천하기 위해 국립중앙박물관은 박물관 로비 공간을 박물관 이용객 지원 공간으로 구성해 장애인을 위한 접근성을 제고하고 연차적으로 설치를 확대할 예정이다. 또한 교육관에 국보 반가사유상을 주제로 한 다감각(촉각 · 후각 · 청각 · 시각 등) 체험형 전시 학습 공간 '공간 오감'을 조성해 국보 반가사유상의 형태, 재질, 제작 방식, 의미 등을 다각도로 경험하며 감상하는 장애 · 비장애인 통합 프로그램을 운영하고 있다. 국립경주박물관 역시 신라미술관 로비에 촉각 전시물을 배치하고 신라역사관에 신규 엘리베이터를 설치했으며 기존의 엘리베이터는 이용에 편리하도록 동선을 개선했다. 이렇게 접근성 향상을 위해 노력하는 이유는 접근성이 '다른 사람들'에게도 혜택을 주기 때문이다. 예를 들어 장애인의 이동 편의를 위해 설치한 경사로는 노인과 어린이에게도 편리하고, 시각 장애인을 위한 촉각 전시물은 어린 관람객에게도 만지는 즐거움과 새로운 관점의 교육 경험을 제공한다. 이렇게 박물관 접근성은 특정 대상뿐 아니라 모든 계층과 대상을 아울러야 그 의미를 찾을 수 있다.

박물관은 어린이, 어른, 노인에 이르기까지 다양한 연령과 신체, 인지, 언어능력을 지닌 사람들이 전시를 관람하고 즐기는 공간이다. 다양한 이용자들이 찾는 공공 문화시설로서 박물관의 유니버설 디자인은 시설 개선과 같은 환경 디자인뿐 아니라 장소에서 일어나는 활동 전반을 아우른다. 즉 이용자 경험도 함께 디자인해야 한다. 따라서 AI와 같이 인간의 삶을 보다 나은 방식으로 변화시키는 디지털 신기술은 장애 여부나 나이와 관계없이 이용자 경험을 개선해 박물관 접근성을 향상하는 데 중요한 열쇠가 될 수 있다.

## 모두를 위한 AI 활용

기술은 개인적 편리함뿐 아니라 사회 관계를 돕는 중요한 삶의 요소다. AI 기술의 발전은 삶 전반의 접근성을 향상해 줄 수 있으며, 그 혜택은 장애인뿐 아니라 모든 사람에게 돌아간다.

시각 장애인을 위한 기계학습 중 하나인 이미지 캡셔닝(image captioning)은 주어진 시각적 이미지와 관련된 설명을 자동 생성하는 기술이다. 지금까지 이미지를 설명하는 방식은 '대체 텍스트'를 사람이 일일이 입력하는 것이었다. 그러나 캡셔닝 AI는 이 과정을 자동화해 대량의 국가유산 이미지를 관리해야 하는 박물관의 업무 효율성과 생산성을 높인다. 그뿐만 아니라 생성된 텍스트를 음성으로 안내할 수 있는 시각 보조 장치와 연계하면 시각 장애인의 박물관 접근성도 향상할 수 있다. 또한 음성 언어를 실시간으로 텍스트 언어로 변환해 주는 오디오 캡셔닝(audio captioning) AI는 일상적 말과 대화를 텍스트로 변환해 귀가 안 들리는 박물관 이용자가 수어 통역 없이 큐레이터의 전시 해설을 실시간으로 이해하고 참여하는 데 사용될 수 있다. 이 외에 청각 장애인을 위한 AI 기술로 박물관이 주목하고 있는 것 중 하나는 수어 통역이다. 국립경주박물관 신라역사관과 신라미술관 로비에는 이용 장벽 없는 스마트전시관 사업의 일환으로 지능형 키오스크(kiosk) 안내 시스템이 운영되고 있다. 기본적 터치스크린 입력 외에도 원하는 정보를 수어, 음성 등으로 문의하면 AI 기술을 적용해 질문하는 사람에게 맞춤형 답변을 제공하는 시스템이다. 특히 수어 안내는 컴퓨터 그래픽으로 생성한 인간 모양 아바타가 수어를 표현하는 서비스로 키오스크의 카메라로 수어 질문을 인식하고 아바타로 수어 답변을 제공한다. 다만 기계학습에 사용할 한국어–한국수어 병렬 말뭉치가 아직은 부족한 형편이라 답변에 한계가 있다. 지능형 키오스크의 지속적 운영으로 학습 데이터가 계속 쌓인다면 이후 좀 더 발전된 서비스가 가능할 것이다.

국립중앙박물관과 네이버랩스가 베타 테스트를 진행한 국립중앙박물관 AR(Augmented Reality, 증강 현실) 내비게이션은 박물관 접근성 향상의 또 다른 가능성이다. 현실 공간과 가상 공간을 연계하는 디지털 트윈(digital twin) 기반의 증강 현실 관람은 향후 생성형 AI와 결합해 박물관 내에서 자신의 위치와 이에 따른 관람 경로도 편리하게 검색하고, 전시품의 정보는 물론 전시 유물이 있었던 현장이나 과거 시대에 실제로 있는 것과 같은 생생한 체험을 제공한다. 이제 비장애인이나 장애인 구분 없이 모두가 함께 누리는 즐거운 박물관에 한 발짝 더 다가갈 것이다.

## 따뜻한 AI 기술의 발전

2022년 12월 1일, 오픈 AI가 출시한 대화형 AI 서비스 챗GPT가 등장한 이후 사람들의 관심은 경제적 이익과 AI의 윤리 문제로 크게 나뉘었다. 하지만 역사를 돌이켜 보면 새로운 기술은 언제나 인간의 삶을 변화시켜 왔다. 누가 이익을 얻고, 누가 피해를 보느냐를 떠나서 기술을 어떻게 활용하느냐에 따라 삶의 질은 달라진다.

지금까지 시각 장애인에게 박물관 전시 관람은 어려운 과제였다. 전시품은 어쩔 수 없다 하더라도 전시품의 이름이나 설명이 이미지나 텍스트 기반으로 되어 있기 때문이다. 이를 돕기 위해 스마트 안경과 안경 내 카메라를 이용해 전시품의 종류와 이름, 설명 등을 음성 시스템으로 알려주는 전시 보조기구를 개발하는 것은 어떨까? 먼 미래에서나 실현할 수 있는 어려운 과제는 아닐 것이다. 이렇게 AI와 스마트 기기의 결합으로 박물관 접근성을 혁신한 사례가 일본과학미래관이다. 일본의 국립과학관인 일본과학미래관에는 외부 연구자들이 운영하는 연구실이 있다. 이곳에서 크로스 디버시티(xDiversity)

프로젝트는 실시간 자막 디스플레이 '시스루 캡션(See Through Captions)'을 개발했다. 말을 텍스트로 실시간 변환해 휴대형 투명 디스플레이에 빠르게 표시하는 이 장치는 말하는 사람의 표정과 동작을 보며 말의 내용을 실시간 자막으로 파악해 청각 장애인과 난청인 관람객을 위한 새로운 시각적 전시 해설 방법을 제시했다.

또한 AI는 인간의 인지 과정을 모방한 인지 시스템(cognitive system)의 개발이 가능하다는 면에서 학습적, 인지적 어려움을 겪는 사람에게 도움이 될 수 있다. 특히 AI 로봇을 이용한다면 발달지체 특수교육 대상자의 박물관 관람 전 준비 과정뿐 아니라 관람 중 사회성이나 의사소통에 도움이 될 것이다.

그러나 AI 기술이 모든 것을 해결할 만능열쇠일 수는 없다. 박물관에는 정말로 다양한 사람들이 찾아오고 모든 사람에게 이로운 해결책을 찾는 것은 불가능하다. 엘리베이터는 휠체어 사용자에게는 필수이지만, 폐소공포증이 있는 사람에게는 공포다. 어떤 사람에게는 따뜻한 기술이 다른 사람에게는 독이 되는 기술일 수 있다. 박물관 경험을 누구에게나 개방하고 즐거운 것으로 만들기 위해 AI 기술을 적용할 때, 이러한 복잡해 보이는 문제들을 충분히 고려해야 한다. AI는 박물관 접근성을 개선해 모든 사람이 새로운 경험을 하거나 더 밝은 미래를 창조할 수 있는 발견의 장소로 만드는 훌륭한 도구다. 그러나 진정으로 포용성 있는 '모두를 위한 박물관'을 만들기 위해서는 이러한 복잡성을 마주할 뿐 아니라 그것을 이해하고 기술을 적용해야 한다.

## 참고문헌


고영준(2021.12.28). 모두를 위한 박물관 – 박물관과 유니버설디자인. ≪뮤지엄뉴스≫, https://museumnews.kr/300column/

권정민 · 이영선(2020). 장애인을 위한 인공지능 활용 동향. ≪한국초등교육≫, 제31권, 187–202쪽.

김수민 · 백선환(2023). 『챗GPT 거대한 전환』. 알에이치코리아.

이원재 · 이한규(2022). 인공지능을 활용한 수어 인식과 아바타 수어 서비스. ≪한국콘텐츠학회 종합학술대회 논문집≫, 23–24쪽.

조선일보(2022.11.10). 네이버랩스, 국립중앙박물관 'AR 내비게이션' 베타 테스트 시작, https://biz.chosun.com/it-science/ict/2022/11/10/KSEIYS7WKVGHNACJFK35XDPH5M/

AKIRA OHKUBO(2023.6.22). Accessible to all: measures that benefit all museumgoers. *ICOM Voices.*: https://icom.museum/en/news/accessible-to-all-measures-that-benefit-all-museumgoers/

## 07
## AI와 박물관 경험

정보통신 기술의 발전으로 온라인과 오프라인의 경계가 허물어지면서 박물관 방문자의 긍정적 경험을 최대화하기 위한 통합 서비스의 중요성이 강조되고 있다. 그러나 중요한 것은 박물관을 찾는 사람들에게 어떤 가치와 경험을 줄 것인가라는 질문이다. 박물관의 미래는 온 · 오프라인으로 수집되는 방대한 데이터 중 필요한 데이터를 AI와 결합해 최적화된 박물관 경험을 구현하는 데 있다.

AI와 윤동주?

## 경험이 팔리는 시대

박물관은 전시품을 팔지 않는다. 특히 국립박물관이 소장하고 있는 국가유산은 법으로 보호된다. 개인이 소유할 수 없는 공공의 문화유산을 보기 위해 사람들이 박물관을 찾는 이유는 '가치 있는 여가 활동을 위해서'이기도 하고, '교육과 학습을 위해서'이기도 하다. 그리고 어떤 사람들은 '새로운 경험에 적극 참여하기 위해' 박물관을 찾는다. 특히 '경험'은 디지털 기술 혁신으로 온라인 전시가 활성화하면서 더욱 중요해졌다. MZ세대(1980~2000년대생)를 비롯한 요즘 박물관 방문자들은 단순히 문화유산의 특징이나 연구 성과를 나열하는 전시보다는 잊지 못할 체험이나 감각을 자극하고 마음을 움직이는 서비스를 기대한다. 세련된 전시 공간과 특별한 경험은 인스타그램, 블로그 등 소셜 미디어로 자연스럽게 널리 퍼진다. 이것으로 박물관은 공중에게 특별한 경험을 제공하고 긍정적 이미지를 형성할 수 있다.

방문자 경험이 중요한 첫 번째 이유는 박물관 전시의 기능적 차별화에는 한계가 존재하기 때문이다. 일반 방문자도 '여가 활동' 이상으로 자신이 좋아하는 박물관과 연결되기를 원하고 자신이 누구인지를 알아봐 주기를 바라며, 항상 존중받는 대상이고 싶어 한다. 이에 예전이라면 전문가를 대상으로 하는 새롭게 발굴된 국가 문화유산의 연구 성과 발표 전시조차 비전문가인 일반 방문자를 고려해 더 쉽고 친절하게 디자인된다. 전문 지식 습득이 아니라 만족스러운 상호 작용을 꾸준히 제공해 주기를 바라기 때문이다.

두 번째 이유는 긍정적 경험은 박물관 운영 전반에서 가치를 창출하기 때문이다. 미국 시장조사업체 포레스터컨설팅(Forrester Consulting)에 따르면 경험 관리가 잘 이루어졌을 때, 박물관 경험자는 박물관 옹호자로 전환해 장기적으로 브랜드 가치 상승에 기여할 뿐 아니라 직원 만족도도 상승한다고 한다.

세 번째 이유는 방문자 경험의 감지(sensing)와 돌봄(caring)이 이뤄지면 박물관 방문자가 느끼는 불편함을 확인해 빠르게 대응하고 이의 해소나 최소화가 가능하기 때문이다. 전시의 품질 평가는 전문가 영역이다. 일반 방문자는 "대에~박~"으로 시작해 전시를 관람하며 박물관 경험을 하나의 스토리로 기억하고 공유한다. 박물관에 들어서 직원이 안내할 때의 표정과 태도, 분위기, 전시품과 공간의 조화, 전시 설명 등 모든 접점에서 느끼는 감정과 행동을 총체적 경험 위주로 평가한다는 것이다. 따라서 박물관의 모든 종사자는 어떻게 방문자에게 특별한 경험을 줄 수 있을지 항상 고민해야 한다.

## 방문 경험을 강화하는 AI

방문자가 느끼는 1%의 긍정적 경험을 최대화하기 위해 박물관은 단순히 기능뿐만 아니라 지각이 가능한 모든 면에서 사용자가 참여하고 상호 교감할 수 있게 다양한 경험을 관리해야 한다. 특히 정보통신 기술의 발전으로 온라인과 오프라인의 경계가 허물어지면서 공중의 요구도 달라졌다. 오프라인에서는 사물인터넷과 같은 디지털 기술로 온라인의 편의성을 제공받기를 바라고, 온라인에서도 오프라인과 같이 '눈에 보이는 체험'을 원한다. OMO(Online Merge with Offline), 즉 온·오프 통합 서비스가 필요하다.

OMO는 온·오프라인 방문자 기반으로 다양한 채널을 연결하고 방문자 데이터 수집으로 통합된 박물관 경험을 제공하는 방식이다. OMO으로 박물관은 온라인 방문자가 실제 오프라인 박물관을 방문하기 전에 해당 방문자의 인사이트를 수집해 방문자의 선호도에 따라 전시품과 전시 동선을 추천할 수 있다. 또한 오프라인 박물관에서 이루어진 모든 방문 내역이 방문자의 개인 프로필에 기록되어 향후 방문자가 어떤 채널을 사용하든 방문자의 관심 데이터에 쉽게 액세스해 더 포괄적 경험을 구축할 수 있다. 현실적 문제는 온 · 오프라인으로 수집한 방대한 데이터를 활용해 통찰을 끌어낼 능력이다. 그리고 바로 이 지점에서 AI가 유용한 역할을 한다.

AI는 큰 규모의 데이터에서 복잡한 데이터 패턴을 탐색하고 유용한 정보를 추출하는 데 장점이 있다. 온라인과 오프라인 채널을 함께 운영하는 박물관은 AI를 활용해 방문자의 최근 방문 내역을 실시간으로 구조화하고 공식 웹사이트와 전시 안내 모바일 앱의 안내 데이터와 통합해 포괄적 데이터베이스를 구축할 수 있다. 이렇게 구축된 데이터베이스는 개별 방문자의 속성에 따라 더욱 맞춤화한 추천이나 콘텐츠를 제공하며 '방문자 중심'의 개인화를 구현해 더 나은 박물관 경험을 실현할 수 있다. 예를 들어, 현재 국립중앙박물관에서 활동 중인 전시 안내 로봇 큐아이(QI)는 음성 인식과 자율주행 기능을 갖춘 로봇으로 전시실 해설을 한국어 · 영어 · 중국어 · 일본어 4개 국어와 수어 동영상으로 서비스한다.

큐아이의 가능성은 박물관 OMO 서비스를 위한 통합 플랫폼이 될 수 있다는 점이다. AI는 온라인에서 박물관 방문을 위한 검색 시간, 사용 기기, 위치, 키워드나 관심사를 탐색해 개인 정보를 입력하지 않고도 확률 매칭으로 익명의 사용자를 식별하고 행동을 예측하는 포괄적 방문자 프로필을 구축할 수 있다. 이렇게 온라인에서 만들어진 프로필은 오프라인에서 큐아이가 개별 방문자에게 맞춘 개인화한 박물관 동선을 추천하는 데 사용된다. 대화 중 AI 실시간 통역으로 더 편리한 관람과 이해가 가능하며, 방문자가 전시실을 관람하는 동안 궁금한 것을 묻고, 관련 정보를 확인하며 가장 연관성 높은 전시품을 추천받는다. 그리고 이러한 상호작용은 AI의 학습 데이터로 활용되어 잊지 못할 체험, 감각을 자극하고 마음을 움직이는 경험을 강화하는 선순환을 만든다.

## 박물관 경험의 미래

박물관을 찾은 방문자의 만족은 박물관 시설과 직원의 친절한 응대, 편의성, 그리고 독특한 전시 등 모든 접점에서 좋은 경험이 전제될 때 가능하다. 방문자의 정성적 데이터만이 아니라 방문자가 인지하지 못하는 상태에서 내면을 해석할 수 있는 다양한 데이터를 확보하는 것, 이러한 데이터를 기반으로 AI를 활용해 다양한 맥락을 이해하고 박물관 경험을 극대화하는 방법을 계속 개발하는 것도 새롭고 좋은 경험을 설계하기 위해서다. 특히 생성형 AI 서비스 공개 이후 AI 분야는 다양한 가능성을 확대하고 있다. 더 고도화한 AI 로봇은 방문자들과 자연스럽게 대화하고, 관람을 이끌며 전시 경험을 확장할 것이다. 꼭 로봇의 형태가 아니더라도 인간과 유사한 모습과 행동, 표현이 가능한 생성형 AI 기반의 가상 캐릭터인 디지털 휴먼은 전시실의 다양한 디스플레이와 전시 보조장치를 활용해 음성과 홀로그램, 영상으로 방문자의 관람을 도울 수 있다. 그뿐 아니라 메타버스와 같은 온라인에서도 같은 역할을 할 것으로 보인다. 그러나 중요한 것은 대규모 데이터도 박물관에서 만나는 최첨단 기기들도 아니다. 중요한 것은 박물관을 찾는 사람들에게 어떤 가치와 경험을 줄 것인가라는 질문이다. 다시 말해 박물관의 어떤 가치를 어떻게 제공할 것인가 하는 문제의식이 먼저 정의되고, 그것을 경험으로 재설계하는 데 필요한 데이터를 AI와 결합해 최적화한 박물관 경험을 구현해야 한다.

지금처럼 온라인과 오프라인의 경계가 모호하고, 생성형 AI가 빠른 속도로 성장하는 시대에 솔직히 다가올 미래는 어떤 모습일지 아무도 모른다. 하지만 분명한 것은 AI 기술은 매력적인 박물관 경험을 만들고 충성도 높은 관람객과의 개인화한 커뮤니케이션을 활성화하며 새로운 방문자와의 상호작용을 활발하게 해 박물관과 방문자 모두의 경험을 변화시키는 도구라는 사실이다.

## 참고문헌

뉴시스(2022.12.21). 국립중앙박물관 '로봇 큐아이' 전시해설 기본 화장실까지 안내, https://www.newsis.com/view/?id=NISX20221021_0002057153&cID=10701&pID=10700

매일경제(2021.3.15). OMO 서비스를 아시나요?...플래티어 트렌드 리포트, https://www.mk.co.kr/news/business/9787390

위상희 · 안형기(2023). 홀로그래피 기술을 활용한 AI 도슨트 분석 연구. ≪한국콘텐츠학회논문지≫, 제23권 12호, 46 – 57쪽.

이현정(2022.12.9). [ET시론]소비자가 아닌 '고객' 경험에 집중해야 하는 이유. ≪전자신문≫, https://www.etnews.com/20221209000001

Mason R. H. et al.(2017). Museum and Gallery Studies: The Basics. Routledge. 오영찬 옮김(2020). 『한 권으로 읽는 박물관학』. 사회평론아카데미

# 08
# AI와 박물관 콘텐츠

생성형 AI 기술의 고도화는 박물관 디지털 콘텐츠 제작에서 기회다. 그러나 AI 활용이 박물관 큐레이터가 코딩이나 프로그래밍을 할 줄 알아야 한다는 것을 뜻하지는 않는다. 박물관 콘텐츠 제작은 논리적 · 단계적 · 체계적 사유 과정 자체를 의미하는 알고리즘적 사고와 큐레이터의 전문성을 바탕으로 '역사의 공공성'을 어떻게 실천할 것인가 하는 고민에서 시작된다.

AI와 한의학?

## AI 시대의 콘텐츠

2016년 3월 21일, 일본의 하코다테미래대학(はこだて未来大学) 마쓰바라 히토시(松源仁) 교수는 도쿄에서 프로젝트 보고회를 열어 일본의 저명한 공상과학 소설가를 기념하는 문학상 '호시신이치(星新一)상'에 AI가 작성한 단편소설 4편을 응모한 결과 일부가 1차 심사를 통과했다고 밝혔다. '소설 쓰는 AI'에 대한 소식은 언론보도 과정에서 과장된 것이라는 후속 취재도 있었지만, '인간의 영역'으로 남을 것이라 여겨진 창의성마저도 AI로 대체될 수 있다는 신호로 받아들여지며 충격을 안긴 것은 사실이다. 이후 뉴욕대학교에서 AI 기술을 연구하던 로스 굿윈(Ross Goodwin)이 개발한 AI 벤저민이 대본을 작성한 단편 SF 영화 〈선스프링(Sunspring)〉이 공개되었고, 2021년에는 AI가 쓴 국내 첫 장편소설 『지금부터의 세계』(파람북)가 출간되었다. 2022년 오픈AI의 대화형 AI 서비스인 챗GPT 공개까지 AI는 인간의 창의성에 끊임없이 도전해 왔다.

콘텐츠란 국어사전에는 '인터넷이나 컴퓨터 통신 등을 통해 제공되는 각종 정보나 그 내용물. 유·무선 전기 통신망에서 사용하기 위해 문자·부호·음성·음향·이미지·영상 등을 디지털 방식으로 제작해 처리·유통하는 각종 정보 또는 그 내용물을 통틀어 이른다'로 정의되어 있다. 그러나 실생활에서는 꼭 유·무선 전기 통신망으로 유통되는 디지털 정보가 아니라도 특정할 수 없는 다양한 미디어를 활용한 메시지 또는 저작권을 주장할 수 있는 창작물을 지칭하는 용어로 광범하게 쓰이고 있다. 예를 들어, 박물관 콘텐츠는 박물관 공식 소셜 미디어 채널의 디지털 게시물뿐 아니라 프로젝션 매핑(Projection Mapping), 가상 현실(VR, Virtual Reality) 등과 같은 신기술 융합 콘텐츠, 박물관 전시와 문자·도형·음향·이미지·영상 등과 이들의 복합체로 이루어진 전시 보조 매체, 소장품과 소장품 이미지, 각종 홍보와 광고, 문화 행사 등 박물관의 메시지를 전달하는 거의 모든 미디어를 아우른다. 이렇게 콘텐츠라는 용어가 광범하게 사용되는 상황에서 박물관의 어려운 점은 직원 대부분이 연구·전시 기획자인 큐레이터이거나 운영 관리자이지 콘텐츠 제작자가 아니라는 현실이다. 이들에게 공중이 관심 가지고 재미있게 볼만한 콘텐츠를 만들라는 요구는 여간 곤란한 일이 아니다. 그래도 기왕에 준비한 전시가 있고, 어렵게 밝혀낸 연구 성과가 있다면 이를 바탕으로 콘텐츠 제작에 AI의 도움을 받을 수 있다. 생성형 AI 기술은 미디어 콘텐츠 제작 작업에 단계별로 기술 서비스 개발이나 활용이 이루어지기 때문이다.

## 프롬프트 엔지니어링과 큐레이터

생성형 AI 기술의 고도화는 빠르게 진행되고 있다. 이러한 상황은 박물관 콘텐츠 제작에서 기회다. 박물관 디지털 콘텐츠 중 제작 난이도가 높은 영상 콘텐츠를 살펴보자. 콘텐츠 기획 단계에서 AI 기술은 스크립트를 분석해 시각효과, 화면 디자인 같은 제작 과정에 필요한 사항을 빠르게 계획해 기간과 단계를 간소화하는 데 사용된다. AI 기술은 영상을 재편집해 자동으로 영상을 만들기도 한다. IBM의 AI 왓슨(Watson)은 공포 영화 100여 편의 예고편을 분석해 영상과 오디오의 특징을 학습한 후 20세기폭스(20th Century Fox)의 영화 〈모건(Morgan)〉(2016)의 예고편을 만들었으며, 오픈AI사의 소라(Sora)는 텍스트 입력만으로 영상을 생성하는 단계까지 진화했다. 전문 영상 제작 능력을 갖추지 않아도 창의적 아이디어와 스토리텔링만으로 영상을 제작할 수 있는 길이 열린 것이다. 이 밖에도 AI는 영상 편집 단계에서 짧게는 며칠, 길게는 몇 주까지 걸리던 촬영 영상 분류 작업을 자동화해 제작의 효율성을 극적으로 높이고 있다. 영상 속 음성을 자동으로 인식하고 번역해 편집된 자막을 영상과 함께 제공하는 자막 생성의 자동화로 콘텐츠의 다국어 버전도 더 간편하고 신속하게 제작할 수 있다.

이러한 AI 활용은 프롬프트(prompt) 입력부터 시작한다. 프롬프트란 컴퓨터에서 명령어 입력을 위한 인터페이스로, 컴퓨터 분야에서 원하는 결과물을 얻기 위한 명령어를 의미했다. 그러나 최근 생성형 AI가 발전함에 따라, 컴퓨터는 사람이 평소에 사용하는 '자연어'를 인식할 수 있게 되고 현재 프롬프트라는 단어는 생성형 AI에게 어떤 행동을 해야 하는지 자연어로 설명하고 결과물을 출력할 수 있게 하는 것으로 그 의미가 확장되었다. 문제는 생성형 AI에게 사용자가 의도한 결과대로 원하는 형식의 응답을 받아내는 것이 그리 쉽지만은 않다는 점이다. 한 번씩 AI가 엉뚱한 대답을 내놓거나 의도하지 않은 결과를 보여 줄 때가 있기 때문에, 원하는 결괏값에 최대한 가까워지게 입력어를 계속 다듬어야 한다. 그 과정을 프롬프트 엔지니어링(prompt engineering)이라고 한다. 간단히 말하자면 생성형 AI에게서 원하는 결과를 얻기 위해 명령어를 AI가 알아듣기 쉽게 공들여 작성하는 과정이 프롬프트 엔지니어링이다.

AI 활용이 박물관 큐레이터가 코딩이나 프로그래밍을 할 줄 알아야 한다는 것을 뜻하지는 않는다. 프롬프트 엔지니어링에서는 인간의 언어 대신 컴퓨터 언어인 프로그래밍 코드를 구사할 줄 아는지보다 어떤 방식으로 사유하는지가 더 중요하기 때문이다. 요컨대 어떤 언어로 작성되었는지와는 관계없이 주어진 목표를 달성하기 위한 논리적 · 단계적 · 체계적 사유 과정 자체를 의미하는 '알고리즘적 사유(Algorithmic thinking)'가 AI와의 대화에서 필요하다. 언뜻 듣기에는 콘텐츠 창작에 알고리즘적 논리성과 체계성을 도입할 필요가 있다는 말은 앞뒤가 맞지 않을 수 있다. 그러나 박물관 큐레이터는 콘텐츠 창작자이자 연구자다. 논리성과 체계성은 역사적 · 과학적 논거를 찾아 새로운 형식의 콘텐츠를 기획해 구현하는 큐레이터의 기본 태도에 가깝다. 따라서 큐레이터가 엔지니어링하는 것은 프롬프트가 아니라 자신의 전문성을 바탕으로 한 사유다. 사유를 더 적확하고 치밀하게 엔지니어링할수록 AI가 생성하는 콘텐츠는 박물관이 원하는 바로 그것에 더 가까워질 것이다.

## 공공 역사와 AI

"AI는 프롬프트만큼만 똑똑해질 수 있다"는 말처럼 잘 다듬은 명령어가 더 좋은 품질의 답변을 생성한다. 그 때문에 실행 과정에서 몇 개의 예제를 프롬프트에 추가하기도 하고, 다양한 답변 중 일관성이 높은 답변을 선택하거나 사람이 직접 추론 과정을 추가하기도 한다. 이렇게 예제를 추가하고 선택하는 과정에는 큐레이터의 전문성이 필요하다. 그러나 생성형 AI의 콘텐츠 제작 능력 향상을 위해 '사람이 보기에 더 잘 만들어진' 문장이 아니라 'AI가 보기에 더 잘 작동하는' 프롬프트 엔지니어링 기법은 다양하다. 지금도 더 직관적이고 간편한 방향으로 발전하고 있다. 앞으로 AI에 작업 지시를 하기 위한 프롬프트 엔지니어링은 점점 쉬워지고, 더 인간의 대화에 가까워질 것이다. 결국 중요한 전문성은 AI를 다루는 기법이 아니라 어떤 콘텐츠를 AI와 함께 만들 것인가 하는 질문이다.

박물관은 공동체의 기억을 보존하는 동시에, 역사를 공중이 이해하기 쉽게 해석해 전달하는 사회적으로 권위 있는 대변자 역할을 해 왔다. 때문에 '역사의 공공성'을 어떻게 실천할 것인가 하는 고민은 늘 있었다. AI는 공중의 역사 인식을 분석하는 일부터 메시지의 초안을 잡고 콘텐츠 제작의 일정 부분을 자동화해 더 편리하고 신속하게 콘텐츠를 제작할 수 있게 돕는다. AI로 단축된 시간만큼 큐레이터에게 주어지는 사유의 시간은 AI가 생성하는 콘텐츠의 품질을 향상하고, 공공의 역사를 실천하는 기회로 활용될 것이다. 이때 비로소 AI와 큐레이터가 박물관 콘텐츠 창작과 제작으로 박물관의 공공 역사를 실천하는 동반자가 되는 것이다.

## 참고문헌


김수민 · 백선환(2023). 『챗GPT 거대한 전환』. 알에이치코리아

동아일보(2016.3.23). AI, 소설도 썼다, https://www.donga.com/news/Society/article/all/20160323/77153252/1

박상언 · 강주영(2023.12). ChatGPT 및 거대언어모델의 추론 능력 향상을 위한 프롬프트 엔지니어링 방법론 및 연구 현황 분석. ≪지능정보연구≫, 제29권 제4호, 287 – 308쪽.

비람풍 · 김태연(2021). 『지금부터의 세계』. 파람북.

연합뉴스(2021.8.20). AI가 쓴 국내 첫 장편소설 '지금부터의 세계', https://www.yna.co.kr/view/AKR20210820072700005

연합뉴스(2017.1.28). "인공지능이 혼자 TV 드라마 찍을 날 머지않아", https://www.yna.co.kr/view/AKR20170125229900017

윤나라(2023.9). 프롬프트 엔지니어링과 인간의 역할 : 콘텐츠 생성 인공지능을 중심으로. ≪인문콘텐츠≫, 제70호, 199 – 218쪽.

한겨레(2019.10.19). 소설 쓰는 알파고는 없었다, https://www.hani.co.kr/arti/science/science_general/749770.html

한겨레(2024.4.5). 소라, 영상 제작 혁명인가 AI 재앙 서막인가, https://www.hani.co.kr/arti/economy/economy_general/1135374.html

한영주(2023.9). 미디어 콘텐츠의 제작 효율성을 위한 AI 기술의

활용과 가치. ≪방송과 기술≫, 333호,
http://tech.kobeta.com/

## 09
# AI와 박물관의 고민

생성형 AI는 드물지 않게 오류와 허위 정보로 만들어진 결과물을 낸다. 박물관의 고민은 없는 사실을 실제 일처럼 말하면서 그것이 허위라는 것을 인식하지 못하는 AI를 상대로 어떻게 적절한 협력 체계를 구축할지 해법을 찾는 것이다. 오류 최소화를 위한 편향된 정보 관리, 학습 알고리즘 최적화 등의 노력과 함께 필요한 건 박물관이 준수해야 할 원칙과 기준을 수립하는 것이다.

AI와 화장품?

## 거짓말하는 AI

생성형 AI는 드물지 않게 오류와 허위 정보, 불완전하고 왜곡된 이미지로 만들어진 결과물을 생성한다. 흔히 '환각(hallucination)'으로 불리는 현상이다. 이런 현상에 대해 챗GPT를 개발하고 서비스 중인 오픈AI는 생성형 AI가 이해하는 모델이 아니라 단지 추측을 잘하는 모델이라 설명한다. 자연 언어 처리 분야를 혁신하고 컴퓨터가 인간 언어를 이해하고 생성하는 방식을 변화시키고 있는 대형 언어 모델은, 부분적으로 확률에 따라 무작위로 단어를 샘플링(sampling)해 응답을 생성하며 이들의 '언어'는 토큰(tokens)에 배분되는 숫자로 구성된다. 환각 현상은 모델이 이러한 숫자를 선택하는 단계에서 발생한다. 번역에서 길을 잃은 것과 비슷하게 모델이 약간 잘못된 숫자를 선택해 말이 되지 않는 단어 조합으로 문장을 생성하는 것이다. 이것은 '이해'가 아니라 그저 놀라울 정도로 잘 추측하는 것, 엄청난 양의 정보를 바탕으로 추측의 확률은 꽤 높지만, 언어 자체에 대한 이해가 전혀 없다는 의미다. 물론 추측이라고 해서 유용하지 않다는 것은 아니며, 꽤 많은 경우 추측이 맞는 확률이 높다. 충분한 데이터가 있다면 한 단어와 그다음 나올 단어를 높은 확률로 추측할 수 있다. 다만 AI가 단어를 '올바

른' 순서로 배치해 의미 있는 문장을 만들 수 있지만 의미 있는 문장이 모두 신뢰할 수 있는 문장은 아니라는 뜻이다.

환각 현상은 생성형 AI 기술의 발전으로 극복할 수 있는 기술적 미비점이라고 볼 수도 있다. 그러나 응답이 강제된, 다시 말해 옳든 그르든 상관없이 무엇이든 생성해야만 하는 기계학습 알고리즘에서 이런 증상을 완벽하게 피해 갈 수 없다. 그래서 지금의 딥러닝을 탄생시킨 제프리 힌튼(Geoffrey Hinton)도 이를 환각이라고 부르기보다 '말 지어내기(confabulation, 作話症)'가 맞는 용어이고, "말 지어내기는 인간 기억력의 특징 중 하나"라면서 사람 또한 절반은 사실에, 절반은 기억의 오류에 기반을 두고 답변하는 점에서 버그가 아닌 기능이라고 주장한다.

박물관의 고민은 여기서 시작한다. 박물관은 인류 문화와 기록을 가능한 한 원형의 상태로 다음 세대에게 물려줄 윤리적 책임, 자료의 엄밀함과 객관적 타당성이 요구된다. 그런데 없는 사실을 실제의 일처럼 말하면서 자신은 그것이 허위라는 것을 인식하지 못하는 AI를 상대로 어떻게 적절한 협력 체계를 구축할지 해법을 찾아야 하는 것이다.

## AI 콘텐츠의 진부함

최근 AI가 전통적으로 인간의 영역이라 생각되던 창작물을 생성할 수 있음을 보여 준 이후, 텍스트-이미지 생성형 AI는 고품질 디지털 콘텐츠를 제작하면서 인간의 창작 과정을 자동화하는 시스템으로 발전하고 있다. 따라서 인간이 콘텐츠 제작을 위해 생성형 AI에 점점 더 의존하게 될 것이라는 가정하에 박물관은 AI의 생성물이 큐레이터의 창의성에 어떤 영향을 미치는지 이해하는 것이 필요하다.

예술 공유 플랫폼을 사용하는 5만 명 이상의 창작자에게 400만 개 이상의 작품 데이터세트를 활용한 연구에 따르면 AI를 채택한 창작자는 생산성은 증가하지만, 시간이 지남에 따라 개념과 시각적 기능 측면에서 '참신함'이 감소하는 것으로 나타났다. 이는 창조적 분야에서 생성형 AI 기술의 광범위한 채택이 총체적으로 많은 인공물이 비슷한 유형의 콘텐츠 또는 동일한 시각적 특징으로 수렴되는 장기적 균형으로 이어질 수 있음을 시사한다. 즉, 진부해지는 것이다.

이때 진부함이란 지루함이나 뻔함의 동의어가 아니라 일정한 원리에 따라 규칙적으로(regular) 작동하는 시스템, 바꿔 말하면 입력에 따른 출력을 예측할 수 있는 범위 내의 오차로 산출해 낼 수 있는 시스템이다. AI 사용 초기에는 사용자의 독창성과는 관계없이 생성형 AI로 더 많은 참신한 콘텐츠를 만들 수 있지만 제작이 반복될수록 일관된 고품질 이미지를 생성하기 위해 프롬프트 엔지니어링은 특정 스타일로 공식화하고, 일정한 규칙에 따라 늘 보던 스타일의 콘텐츠만 만드는 지점에 도달하게 된다. 게다가 기본적으로 생성형 AI의 훈련은 크기가 아무리 커도 결국은 기존 데이터를 바탕으로 이루어진다. 그 결과 잘 훈련된 AI 시스템은 대규모로 일반 콘텐츠 생성을 계속할 위험이 있다. 이런 위험을 피하기 위해 박물관 콘텐츠 창작자는, 텍스트-이미지 패러다임의 생성형 AI 시스템에서 창의성의 핵심은 인간의 기본 아이디어나 큐레이팅 능력이라는 점을 항상 기억해야 한다. 요약하자면 생성형 AI가 창조적 노력의 주류가 됨에 따라 인간과 AI의 공동 창조 과정은 미래에 필요한 핵심 기술이 될 수 있다. AI를 이용한 콘텐츠 창작이 아이디어와 큐레이팅으로 주도되는 이러한 현상을 우리는 '생성적 공감각(generative synesthesia)'이라고 부르며, 인간의 새로운 창의적 탐구와 AI 활용의 조화를 이룬다. 이러한 변화는 박물관 콘텐츠 창작자들이 아이디어를 표현하는 방법보다는 어떤 아이디어를 표현하는지에 집중해야 한다는 점을 강조한다. 박물관은 생성형 AI가 진부한 콘텐츠의 원인이 아니라 교향곡 같은 협업과 풍요로운 콘텐츠의 근원이 되는 미래를 추구해야 한다.

## 박물관을 위한 가이드라인

생성형 AI의 '말 지어내기' 현상과 생성 콘텐츠의 '진부함' 외에도 박물관의 고민은 생성형 AI 창작물에 대한 '저작권'에도 있다. 일단 문화체육관광부의 기준에 따르면 "AI가 만든 산출물은 저작권 대상이 아니다"라고 한다. 그러나 이때에도 "사람이 어느 정도까지 개입했을 때 저작권을 인정해 줄 것인가"라는 문제는 남아 있다. 물론 국·공립박물관 콘텐츠는 공공의 역사 콘텐츠로 저작권이 개방되어 있다. 하지만 사립 박물관의 콘텐츠까지 그런 것은 아니다. AI 콘텐츠의 저작권 문제는 최종 창작물뿐 아니라 생성 과정에서도 발생한다. AI가 학습과 결과를 내놓기 위해 수집한 자료의 저작권은 여전히 논쟁적이다.

생성형 AI는 진화하고 있고, 기술의 상용화는 급속도로 진행되고 있다. 기술의 편리함에 지나치게 의존하게 되면 인간의 창의성이나 문제 해결 능력이 저하될 것이라는 우려도 있고 AI와의 상호작용이 증가하면서 인간

사이의 의사소통이 줄어드는 문제점도 고려해야 한다. 이 밖에도 '말 지어내기'와 '진부함'을 줄이기 위한 편향된 정보 필터링(filtering), 오류 최소화를 위한 데이터 레이블링(data labeling) 관리와 데이터 품질 개선, 정확한 데이터 분석, 모델 복잡성을 낮추고 정확성을 향상하기 위한 모델 구조 설계와 학습 알고리즘 최적화 등의 노력이 필요하다. 하지만 이 모든 기술적 개선을 박물관이 할 수 있는 일은 아니다. 솔직히 인문 · 예술 전공자가 주류인 박물관이 할 수 있는 것은 기술적 개선보다는 사용자 교육이고 필요한 건 박물관의 고민을 최소화하기 위한 가이드라인이다.

박물관은 AI 사용자 교육으로 오류를 최소화할 수 방법을 찾아야 한다. 또한 가이드라인은 박물관의 책임성, AI 학습용 데이터의 정확성 · 안전성 확보, AI 서비스의 투명성 · 공정성 담보, 엄격한 공공성과 사용자 권리 보장 등 4가지 핵심 가치를 구현하는 방향으로 논의되어야 한다. 박물관이 AI 서비스를 개발 · 운영할 때 준수해야 할 원칙과 기준의 수립, 박물관 내 AI 전담 조직의 구성과 역할, 구성원의 책임과 권한을 서비스 전 단계에 걸쳐 구체적으로 정의하는 일, 그리고 박물관 AI 서비스의 평가, 관리 정책을 마련하는 등을 고민할 시간은 점점 짧아

지고 있다. 이미 사회 전반에 AI 이용이 확산하는 가운데, 박물관과 관련 학계를 중심으로 AI 기술 전문가를 포함한 폭넓은 참여로 최소한의 기준을 마련해 박물관의 AI 적용 활성화 및 AI 콘텐츠의 박물관 서비스 신뢰도를 제고해야 할 것이다.

### 참고문헌


김상민(2023). 환각 생성과 창의성 추출의 자동화된 기계: 생성형 AI 뒤집어 보기. ≪문화과학≫, 통권 114호, 39-56쪽.

김익현(2023.9.1). 생성AI의 저작권 침해, 어디까지 허용해야 할까. ZDNET Korea, https://zdnet.co.kr/view/?no=20230901143928

뉴시스(2023.12.27). 문체부, AI-저작권 선제 대응…'생성형 AI 저작권 안내서' 발간, https://mobile.newsis.com/view.html?ar_id=NISX20231227_0002572112#_PA

안동욱(2023.9.13). 인간의 사고방식을 닮아가는 ChatGPT, 이제는 서로 협업도 합니다. SAMSUNG SDS 인사이트 리포트, https://www.samsungsds.com/kr/insights/collaborative_intelligence.html

윤나라(2023.9). 콘텐츠 생성 인공지능에 관한 이해: '진부함'과 '진부하지 않음'을 중심으로. ≪인문콘텐츠≫, 제68호, 37-57쪽.

Incident Report for OpenAI(2024.2.21). Unexpected responses from ChatGPT.: https://status.openai.com/incidents/ssg8fh7sfyz3

MIT Technology Review(2023.5.2). Geoffrey Hinton tells us why he's now scared of the tech he helped build.: https://buly.kr/FLW28J7

Zhou, E. & Dokyun, L.(2024). Generative artificial intelligence, human creativity, and art. *PNAS Nexus*, Volume 3, Issue 3.: https://doi.org/10.1093/pnasnexus/pgae052

10

# AI와 박물관의 융복합 혁신

박물관과 AI의 협력과 공존은 박물관이 과거의 유물을 전시하고 보존하는 기존의 역할을 넘어서는 데 기여할 것이다. 앞으로 박물관은 실물 소장품을 중심으로 관련된 도서, 기록 문서, 이미지, 영상, 음향 등 모든 지적 활동의 성과물을 유통하는 중심지로 발전할 것이다. 또한 더 많은 사람에게 지식을 제공하고 새로운 교육과 연구 기회를 창출하는 미래의 융복합 지식 공간으로 나아갈 것이다.

종교와 AI?

## AI 시대의 지식 기반 만들기

라키비움(Larchiveum)은 도서관+기록관+박물관(Library +Archives+Museum), 세 가지 영어 단어가 결합해 탄생한 조어다. 미국 텍사스대학교의 메건 윈젯(Megan Winget) 교수가 다양한 유형의 디지털 자원을 보존하는 데 도서관, 기록관, 박물관의 연계를 강조하면서 각 기관의 전문성을 아우르는 수집 기관으로 제안한 개념이다. 여기에 변화하는 시대의 요구에 따라 자료 수집과 보관뿐만 아니라 커뮤니티 모임부터 카페를 비롯한 휴게 공간, 영상이나 전시 관람 등의 문화 소비 공간이 더해져 지식과 문화, 휴식이 있는 복합 문화시설의 개념으로 확장되어 사용되고 있다.

도서관 · 기록관 · 박물관의 기능이 합쳐진 미래형 기관으로서 라키비움 도입은 같은 공간에 이들 기관을 물리적으로 두는 것만으로는 효과를 기대하기 어렵다. 각 기관이 가진 인력과 소장 자료를 유기적으로 연결하고, 서비스를 통합적으로 운영할 때 이 세 기관의 융 · 복합 또는 통합의 진정한 의미가 있기 때문이다.

라키비움에 포함된 세 기관은 '자료'를 모으고, 보존하고, 공개한다는 역할은 같지만 소장 자료는 고고 유물, 도서, 회화, 조각, 기록 및 기타 국가 유산까지 다양하고 광범위하다. 따라서 데이터 품질이나 복잡성에 따른 문제는 조직 구성과 인력 문제 이상의 난제다. 특히 기관들 상당수는 대규모 레거시(legacy) 데이터 및 애널리틱스(analytics) 플랫폼을 여전히 사용하고 있다. 심지어 같은 기관 내에서도 데이터나 애널리틱스 운영과 권한·책임이 분산돼 있다. 이런 상황에서는 AI 시스템을 본격 도입하기가 쉽지 않다. 낡은 시스템과 분산된 구조로 비일관적이고 품질도 낮아 데이터의 유용성이 떨어지기 때문이다. 이는 입력 데이터의 품질이 산출물의 결과와 직결되는 생성형 AI 시스템에 큰 문제가 될 수 있다. 따라서 박물관이 AI 시스템을 대규모로 도입해 그 이점을 100% 활용하려면 복합 문화시설이라는 공간 개념의 라키비움을 넘어야 한다. 자료를 수집하고 연구하며 관리하는 모든 기관이 뜻을 합쳐 AI 시대에 필요한 통합 지식 기반을 만드는 혁신으로 개념 확장이 중요하다.

## 지식 유통을 지원하는 AI

박물관·도서관·기록관은 인간의 지적 활동의 성과물을 보관하고 이용에 이바지하는 기관이다. 박물관은 다양한 주제 분야에 대응하는 실물 자료가 하나밖에 없다는 유일성의 가치, 역사나 특정 사건·인물과의 관계에서 발생하는 가치, 동일한 종류에서 전형성을 나타내는 표본의 가치, 소장품 자체가 가지고 있는 미적 가치를 기준으로 평가하고 수집, 연구해 전시한다. 도서관 자료는 범위에 거의 제한을 두지 않고 수집한 인쇄자료 중심의 도서, 기록이나 기타 자료이며, 기록관의 문서와 데이터는 그 자체가 어떤 정보를 전달하는 기록으로서 자료다. 차이는 박물관과 기록관이 유일성, 희소성, 역사성, 표본성 등 자료 자체의 가치를 중요하게 여긴다면 도서관은 자료 자체의 가치보다는 자료의 내용을 이용해 발생하는 가치를 지향한다는 점이다. 이용자는 이러한 자료를 열람, 감상, 조사 등에 이용해 자신의 지적 활동을 자극하기도 하고, 연구 활동으로 발생한 결과가 옳은지 확인하는 데 활용한다. 이때 각 기관의 자료들은 이용자의 관심 분야 안에서 서로 중복된다. 예를 들어, 신라 금관을 생각해 보자. 신라 금관이라는 사물은 박물관에 있다. 일반적으로 전시는 일회성이다. 그러나 전시 담당 큐레이터, 전시 장소, 포스터, 프로그램, 관객이 남기는 기록이나 전시장 VR 촬영 데이터 등이 박물관이나 별도의 기록관에 보관된다. 신라 금관의 발굴 기록이나 보존 활동 관련 아카이브는 기록관의 역할이다. 도서관에는 신라 금관과 관련된 연구, 평론, 전시 등을 기록한 도서와 논문이 있다.

지금까지 이렇게 보관 장소도 형식도 다른 자료들 사이에서 관심 분야의 정보를 관련지어 구조화한 지식으로 만드는 인간의 지적 활동은 개인의 지식과 노력에 의존했다. 하지만 자료의 디지털화가 진행되면서 접근 가능한 정보의 크기가 기하급수로 증가했다. 이제는 개인의 힘만으로 지적 활동을 이어가기에는 한계가 있는 것이다. 다시 말해 통합적 지식 기반이 있어도 개인이 모든 자료를 이해하고, 분류하고 관련지어 구조화하기에는 축적된 정보의 종류와 숫자가 너무 많다. 따라서 지식의 성과를 축적하는 '박물관 · 도서관 · 기록관'을 통합해 융복합 지식 기반을 조성하더라도 여기서 한발 나아가 지식의 유통과 이용을 지원하기 위해서는 AI의 도움이 필요하다.

지식의 유통과 이용은 박물관뿐 아니라 사회 발전의 핵심 요소다. AI는 큐레이션, 검색, 활용 등 다양한 단계에서 이용될 수 있으며, 이는 지식 유통의 접근성과 효율성을 크게 높일 것이다. 또한 AI가 데이터 분석으로 새로운 지식을 발견하고 추론으로 지식을 생산할 때, 지식 이용의 효과성 역시 향상될 것이다.

## 박물관 AI와 융복합 지식 공간

최근 생성형 AI를 활용한 일반 서비스들이 잇따라 출시됨과 동시에 관련 기술 역시 빠르게 발전하고 있다. 예를 들어 서울대학교 AI연구원에서는 닫힌 환경에서 한정된 데이터 기반으로 학습하는 현재의 AI의 한계, 즉 끊임없이 변화하는 불확실한 환경과 문제에 스스로 대응할 수 있는 AI를 개발 중이다. 이를 위해 어린아이의 인지발달 과정을 모방해 인간의 뇌와 같이 변화하는 환경과 상호작용하며 인지구조를 변형하고 성장하면서 적응해 나가는 '베이비마인드(BabyMind)' 연구 프로젝트를 수행하고 있다. 이 밖에도 다른 학제 사이의 연계 연구를 통해 다음 AI 혁신을 준비하고 있다.

이런 변화의 시대에 '박물관이란 무엇인가'를 다시 한 번 생각해보자. 오늘날 정보통신 기술의 발전으로 정보 입수나 콘텐츠 감상에서 정보처리까지 네트워크 이용이 가능하다. 기본적으로 콘텐츠형 미디어, 즉 도서나 문서는 전자책이나 스캔 데이터 같은 디지털 콘텐츠를 이용하는 것으로 충분하다. '자료를 읽고, 필요한 것을 찾아보는' 일 역시도 AI를 매개로 가능하다. 실물 자료를 확인하려면 수집 기관을 직접 방문해야 하지만, 내용은 인터넷으로 검색해 확인할 수 있고, 대상물의 존재를 알기 위한 목적이거나, 외적 형태를 파악하기 위해서라면 디지털화한 이미지 복제물로도 충분하다. 그 결과, 앞으로 도서관과 기록관은 존립의 의미가 있을지 의문이 제기될 수 있다. 역으로 박물관의 역사적 국가유산이나 예술품은 '현존성'과 '유일성', 그 대상이 어떤 것으로 대체될 수 없는 '진품성' 때문에라도 실물 관람 요구가 지속될 것이다. 게다가 실물을 보관하고 전시하는 데는 적정한 공간이 필요하다. 기왕의 융복합 지식 기반을 만든다면 지식의 구조화는 AI를 활용하고, 공간으로는 박물관을 중심으로 조성하는 MLA(Museum Library Archives)를 생각해 볼 수 있다. 지식은 경계를 초월하고, 데이터는 가정에도 서비스가 가능하지만 실물은 전문적 보관과 유지를 위한 공간이 절대적으로 필요하기 때문이다.

박물관은 과거의 유물을 전시하고 보존하는 공간이라는 기존의 역할을 넘어, AI 기술을 활용해 실물 소장품을 중심으로 관련된 도서, 기록, 문서와 논문, 이미지, 영상, 음향을 포함한 각종 디지털 데이터 등 모든 지적 활동의 성과물을 유통하는 중심지로 발전할 수 있다. 지금의 생성형 AI는 앞으로도 계속 발전하고 진화할 것이다. 박물관이 교육, 연구, 문화, 여가 등 다양한 기능을 갖춘 미래의 융복합 지식 공간으로 발전하기 위해 AI와의 공존을 준비하는 이유도 그 때문이다. 박물관과 AI의 협력과 공존은 박물관 방문 경험을 개선하고, 더 많은 사람에게 지식을 제공하며, 새로운 교육이나 연구 기회를 창출해 박물관이 단순한 전시 공간을 넘어 지식 생산, 큐레이션, 공유, 활용의 중심지로 만드는 데 이바지할 것이다.

## 참고문헌


딜로이트 AI연구소(2023). 인공지능(AI) 활용서: 6대 산업별 활용사례, https://www2.deloitte.com/kr/ko/pages/technology-media-and-telecommunications/articles/2023/20230810.html

배준영 · 최명현(2021.2.24). "인간처럼 생각하는 AI" [특별기획 AI 2030] ④ 지식·상식 기반 추론, AI타임스, https://www.aitimes.com/news/articleView.html?idxno=135941

유소연(2022). 국내 라키비움 운영 활성화 방안에 관한 연구. ≪한국비블리아학회지≫, 33권 3호, 205-237쪽.

이보아(2000). 『박물관학 개론』. 김영사.

石川徹也·根本彰·吉見俊哉(編)(2011).つながる図書館・博物館・文書館—デジタル化時代の知の基盤づくりへ. 東京大学出版会. 조혜린 외 옮김(2021). 『도서관, 박물관, 기록관의 연계 · 협력』. 한울.

Benjamin, W.(1935). *Das Kunstwerk im Zeitalter seiner technischen Reproduzierbarkeit.* Suhrkamp. 심철민 옮김(2017). 『기술적 복제시대의 예술작품』. 도서출판b.

**한승철**

국립경주박물관 교육문화교류과 과장이다. 경희대학교 경영학과를 졸업하고, 프랑스 에콜 M.J.M에서 광고 그래픽 전문가 과정을 이수했다. 광고대행사 금강기획과 에이블리, 프로덕션 클럽에서 기획 프로듀서로 재직했으며, 홍보대행사 KPR의 디지털 홍보 부문에서 일했다. 경희대학교 언론정보 대학원에서 석사학위를 받았고 청주대학교, 순천향대학교에 출강했다. 저서로는 『박물관 커뮤니케이션』(2024), 『홍보영상 제작론』(2006)이 있다.